粉ふるわナイ！ 生地寝かさナイ！ 麺棒使わナイ！

3ナイ タルト

著者
森 映子

マイナビ

〝3ナイタルト〟でかなう タルトのある毎日

いつもの平日の朝ごはんや
休日のちょっとしたおやつタイム、
みんなが集まるパーティの
テーブルに、タルトがあったら
めっちゃ素敵やん？

森 映子

娘を持つ母親。おしゃべりが大好きな、こってこての関西人。フードコーディネーターをしながら、家族を喜ばせるために独学でお菓子作りを学び、「3ナイレシピ」でお菓子教室も開催している。

ハードルが高いと思われがちな
お菓子作りだけど、この本で紹介する
「3ナイタルト」なら、
初心者でも、細かい作業が苦手な人でも、
簡単に、しかもお店みたいな
見た目のタルトが作れちゃう！
生地の敷き込みがきれいに
できなくても大丈夫。
細かいことは気にしナイ！

はじめてみませんか？
タルトのある毎日。

娘

甘いものと流行りのものには目がない女子高生。趣味は音楽で、歌うことやドラムの演奏が得意。母に似ておしゃべりが大好きだけど、お菓子作りにはなかなか積極的になれない。

お友だち

娘の個性豊かなお友だち。みんな甘いものには目がなくて、森家のお菓子が大好き。ことあるごとに遊びに来る。

とある休日の昼下がり
まったり…
そろそろやな…
ちら
おかあさあああああん!!
きたきた
バンッ
お腹すいたぁ
おやつ作って
ぐ〜
もう
毎日毎日
何が食べたいん?
ん〜
あ! この間作ってくれたタルト!
あれがまた食べたいなぁ
簡単やねん
から
自分で
作ったら
えーねん

＊いらち＝関西弁で「せっかち」なこと

とにかく誰にでもできて簡単！
お母さんのお菓子作りはセオリーとか科学的根拠とか細かいことはいらんねん
おいしくてみんなが笑顔になったらええんよ！
そ そやな…
誰にむかってしゃべってるん？
基本のタルト生地とアーモンドクリームカスタードクリームの作り方さえ覚えればバリエーションは無限大～
ホンマに？
ホンマホンマ
このレシピさえあればいろんなシーンでタルトが楽しめるんよ
例えば……

持ち寄りパーティ
おうちカフェ
パパッと作る
お食事キッシュ
パーティでも日常でも3ナイタルトがあるだけで簡単にテーブルが華やぐねん！
たしかに！
さあ さあ 早速 キッチンへ GO
は～い

3ナイタルトとは？

「タルトを気軽に作ってほしい」そんな思いで考えた“3ナイタルト”。
レシピについてもうちょい詳しく説明させて！

ズバリ「3ナイタルト」とは、粉ふるわナイ・生地寝かさナイ・麺棒使わナイの〝3ナイ〟で作れるタルトのこと。一般的にタルト作りに必要とされている工程を省き、必須な道具を使わずに、誰でも簡単にできるようにアレンジしたレシピです。

今までめんどうで挑戦できなかった人でも、このレシピなら大丈夫。お菓子作りは独学の私が、地道に試作を繰り返して、自分の舌で確かめながら編み出したレシピだから、セオリーなんてお構いなし。でも、ちゃんとおいしいからいいのです。

ふむふむ なるほどね
とにかく おいしければ OK！

粉ふるわナイ！

この本に出てくる、薄力粉などの粉類はふるわなくてOK。なぜなら、こねたり、かき混ぜたりしていると、自然とサラサラになっていくから。この手間がなくなるだけで洗い物も1つ減るでしょ？

生地寝かさナイ！

待つのが苦手な関西人なので、通常は最低2時間かかる寝かせ時間を大幅短縮！ クリームやフルーツを調理している間、生地を冷凍庫へ入れるだけ。低い温度で冷やすことで、早く生地をしめることができます。

麺棒使わナイ！

あまりお菓子作りをしない家庭だと持っていないことの多い麺棒。わざわざ買うのはもったいないから、この本では使わナイ。打ち粉もせずに手でのばして敷き込んで、多少いびつな仕上がりでも気にしナイ！

3ナイの掟

3ナイタルトを作るうえで、覚えておいてほしいことを4つだけ。
スーパーで材料選びに迷ったら思い出して！

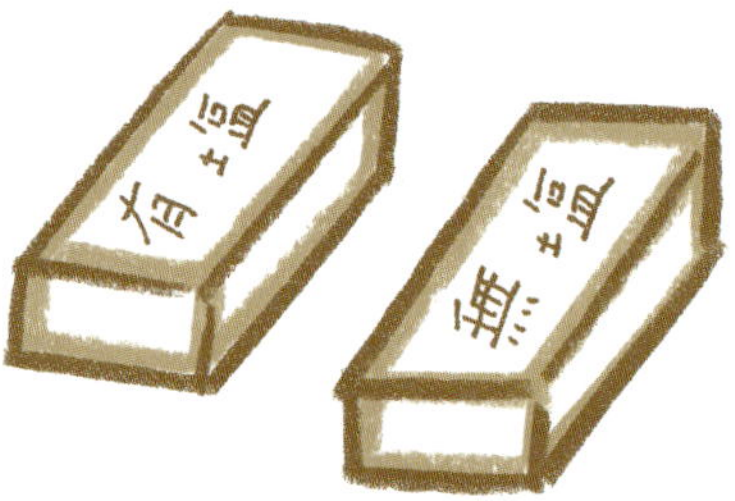

バターは
有塩でも無塩でもOK

食塩不使用のバターを指定するレシピもあるけど、この本ではなんでもOK。有塩でも無塩でも、おうちにあるものを使ってね。

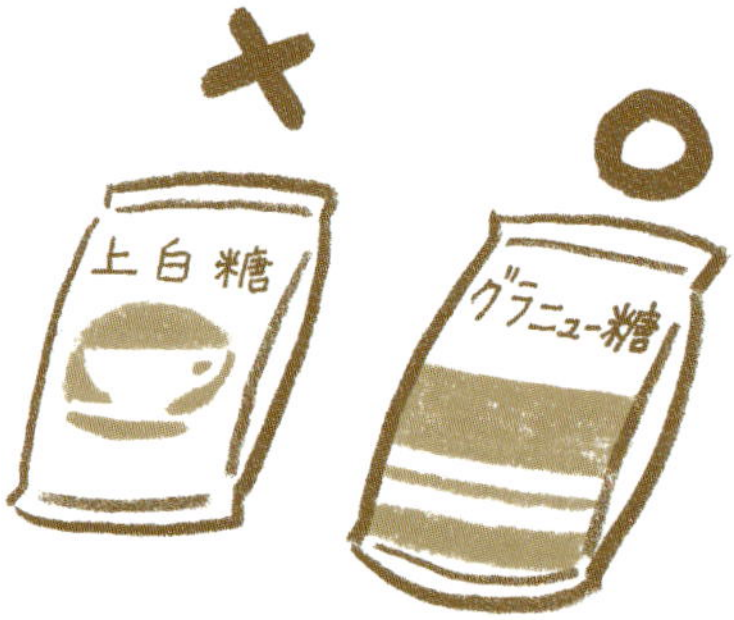

砂糖は絶対
グラニュー糖！

タルトの生地に使う砂糖は絶対にグラニュー糖を使うこと。なぜなら、上白糖よりザクザク感の持続力があるから。科学的根拠はないけどね！

3ナイタルトを作るとき、絶対に覚えておいてほしいキーワード「生地の砂糖はグラニュー糖」。アーモンドクリームやカスタードクリームに使う砂糖は上白糖でもなんでもOKです。ですが、タルトの生地に使う砂糖だけは仕上がりのおいしさに差が出るのでグラニュー糖を使ってください。

3ナイの掟といいつつ、決まりごとらしいことはこれだけ。簡単に気軽に、毎日でも作りたくなるレシピを目指して、ほかのいろんな制約は取っ払いました。だって、そのせいでお菓子作りから遠のくなんて、もったいないでしょ？

敷き込みはヘタでもOK

タルトの底がボコボコしてても、最終的にはクリームで隠れるから、穴さえ開いてなければ問題ない。几帳面な人はきれいに敷いて、そうじゃない人は、いびつでも気にしないで。

卵はなんでもOK

卵のサイズはなんでもOK。もちろん殻の色も気にしない。だって、Sの卵を使ったタルトとLの卵を使ったタルトを食べ比べても、違いなんてほとんど感じないからね。

生地作りに使うもの

3ナイタルトの生地作りに使う大切な3つの道具と
マストではないけどあるとうれしい、いろんな大きさ・形の型を紹介！

大切な3つの道具

1 大きめのボウル
生地作りに使うボウルは、なるべく大きめのサイズが使いやすい。中で材料をこねてもこぼれにくいものを選んで。

2 ラップ
生地をのばすときに下に敷くラップ。使うときは型の直径よりも2回りくらい余裕を持ったサイズで切り取る。

3 はかり
卵のサイズはなんでもいいけど、レシピでグラム数が記載されているものは、はかりでちゃんとはかってね。

あるとうれしい型

3ナイタルトの生地を作るとき、大切な3つの道具があります。1つめは生地をこねるためのボウル。2つめは生地を伸ばすときに下に敷くラップ。3つめは材料をはかるためのはかり。型に敷き込む前に使うのはこれだけです。

基本のタルト生地（P.20）は、底が取れるタイプの直径18㎝のブリキ型を使っています。そのほかは、丸や四角の使い捨て容器。オーブンに対応していれば、お好きなものを選んでＯＫ。紙コップの底から2㎝までを切り取って、型にするのもおすすめです。

1 底が取れるブリキ型
基本のタルト生地（P.20）は直径18cmのブリキ型。ほかに直径14cmのものも使用。

2 直径16cmの紙型
丸い使い捨て紙型。直径16cm高さ4cmになるように上部を切り取る。基本のタルト生地（P.20）の分量で1台分。

3 使い捨て長方形カップ
長方形の使い捨て紙型。縦10cm、横8cm、高さ3cm。基本のタルト生地（P.20）の分量で約6個分。

4 使い捨てミニカップ
丸い使い捨て紙型。直径5cm高さ2cm。基本のタルト生地（P.20）の分量で約8個分。

5 使い捨てスクエアカップ
正方形の使い捨て紙型。縦5.5cm、横5.5cm、高さ2cm。基本のタルト生地（P.20）の分量で約8個分。

Contents

scene2 おうちカフェ

Contents

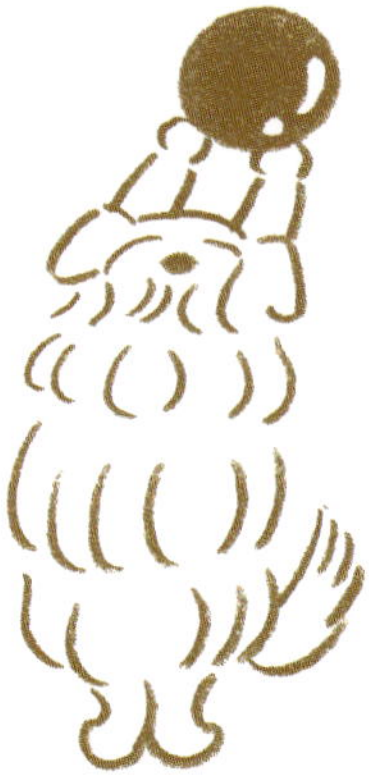

scene3 パパッと作る

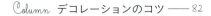

scene4 お食事キッシュ

おまけ タルトを作ったそのあとに

本書のレシピについて
・基本のタルト生地（P.20）、基本のアーモンドクリーム（P.22）、基本のカスタードクリーム（P.24）は作りやすい分量です。
・使用する型の大きさはあくまで目安です。お好きな型で作ってください。
・計量の単位は、大さじ1＝15ml（cc）、小さじ1＝5ml（cc）です。
・オーブンは190℃に予熱してください。

scene0

タルトの基本

さあ、早速タルト作りをはじめましょ。
3ナイで作る基本のタルト生地と、
基本のアーモンドクリーム、
基本のカスタードクリームの
3つを覚えれば、アレンジ次第で
いろんなタルトが作れちゃう。
このさみしいテーブルを、簡単に
タルトでにぎやかにできんねん。
これ、うそみたいなホンマの話。
まずは一台作ってみて。慣れたら
生地はまとめて作って冷凍な。
半端に余った生地やクリームも、
残しておいたらいいことあるで。

粉ふるわナイ！
生地寝かさナイ！
麺棒使わナイ！

基本のタルト生地

まずは、基本のタルト生地から。
これはザクザクの食感と
ちょうどええ甘みで
フルーツやクリームの魅力を
引き立てる万能選手やねん！
この作り方をマスターできたら、
中に入れるもの次第で
アレンジは自在！
生地にココアや抹茶を混ぜたり、
砂糖を減らして塩をひとつまみ入れて
キッシュにしたり。
見た目も味もバリエーション無限大なんよ。
意外とコツのいる型外しのポイントも
特別に教えてあげる！

材料

- バター……50g
- 薄力粉……100g
- グラニュー糖……30g
- 卵黄……1個分

下準備

- バターはボウルに入れて室温に戻し、やわらかくしておく（上から指で押してヘニャンとなるくらい）。
- 金属の型の場合、内側に油分（バター・マーガリン・サラダ油・オリーブオイルなど）をハケで塗っておく。
- オーブンを190℃に予熱しておく。

作り方

Step A

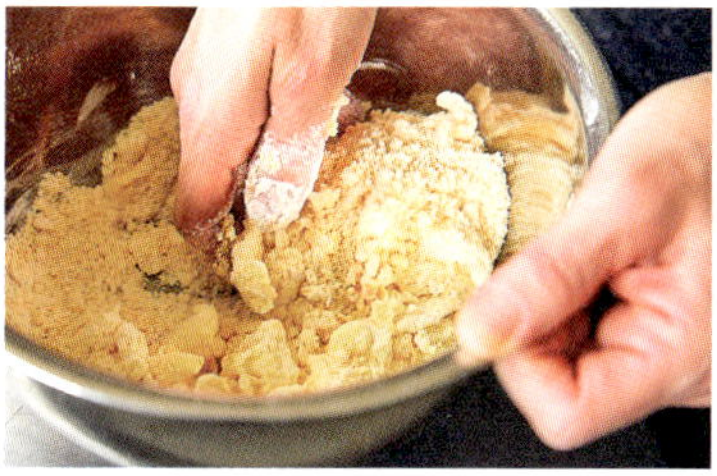

すべての材料をボウルに入れ、手でぐるぐると混ぜ合わせて、大きくにぎりながらまとめていく。全体がまとまってきたら、ボウルの底に押し付けるようにすり混ぜて、しっとりなめらかになったらまん丸に整える。

Step B

ラップを広げその上に丸めた生地を置いて、手のひらでのばしていく。型より大きめの円になったら、ラップを持ち上げてひっくり返し、型の上に広げる。ラップを取り外したら底面、側面に生地をそわせて、指で広げながら敷き込んでいく。

Step C

内側はクリームを入れたら見えなくなるので、ボコボコでもOK。敷き込んだら、底面にまんべんなくフォークを刺して小さい穴を開ける（ピケする）。そのあと、クリーム作りやフルーツをカットする間、型ごと冷凍庫に入れてスタンバイ。

予熱した190℃のオーブンで20〜25分焼く。底が膨らんできたら扉を開けて、スプーンの背でやさしくつぶす（ヤケド注意）。

底が取れるタイプの型の外し方

1

厚手の軍手を着けて、オーブンからタルト型を取り出す（ヤケド注意）。底を片手で押し上げて外枠を外す。

2

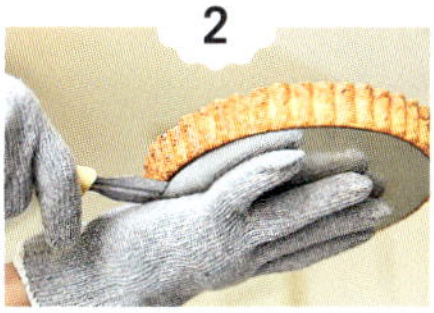

底を片手で支えながら、底板とタルトの隙間にヘラを差し込み1周回す。タルトが完全に冷めたら底板を外す。

タルトのベースはだいたいコレ

基本のアーモンドクリーム

基本のタルト生地と同じくらい
重要なのが、このアーモンドクリーム。
やさしい甘みで、焼き込んだときの
香ばしさがたまらんのよ！
もちろんジューシーな
フルーツとの相性も抜群で、
あらゆるタルトの土台を支える
縁の下の力持ち的な存在やねん。
余った分は冷蔵庫で冷やしておけば、
翌朝、トーストに塗るだけで
アーモンドトーストの出来上がり！
あぁ、なんていい子なんや……。

材料

- バター……50g
- 砂糖……50g
- 卵……1個
- アーモンドプードル……50g

下準備

- バターはボウルに入れて室温に戻し、やわらかくしておく（上から指で押してヘニャンとなるくらい）。

作り方

Step A

バターをボウルに入れてホイッパーでよく混ぜる。なめらかになったら、砂糖を加えてよく混ぜる。

Step B

卵を加えてよく混ぜる。この段階では、分離してダマがたくさんあっても大丈夫。

Step C

アーモンドプードルを加えて、ダマをつぶすようによく混ぜる。なめらかになったら完成。

フレッシュフルーツと
相性抜群！

基本のカスタードクリーム

トロ～リなめらかで濃厚な
みんな大好きカスタードクリーム。
牛乳と卵のやさしい甘さが
フレッシュフルーツと相性抜群！
手作りするには少しハードルが
高いイメージやけど、
鍋使わナイ、裏ごししナイで
意外と簡単に作れんねん。
タルトに使って余った分は
パンにつけて簡単クリームパン！
さらに生クリームと合わせたら
リッチな味わいで、ハイ、最高。

材料

- 薄力粉……20g
- 砂糖……40g
- 卵黄……2個分
- 牛乳……200cc
- バニラエッセンス……お好みで

作り方

Step A

耐熱ボウルに薄力粉とグラニュー糖を入れてホイッパーでよく混ぜる。さらに卵黄、牛乳大さじ2杯程度加えて混ぜる。残りの牛乳も全量入れ、バニラエッセンスも加えて混ぜる。

Step B

ボウルにふんわりとラップをかけて、600Wの電子レンジで2分加熱する。取り出してホイッパーでよく混ぜる。もう一度電子レンジに入れ、600Wで2分加熱する。

Step C

固まったクリームがなめらかになるまでホイッパーでよく混ぜる。バットなどに平らに広げ、ラップをぴったりかぶせて冷ましたら完成。カスタードクリームは冷えたら固まるので、お菓子に使う前にホイッパーやゴムベラで練り直す。

急いで冷やしたいときは…

バットに広げ、ラップをかけた上に保冷剤を置いておけば時間短縮!

Column

まとめて作って冷凍庫へ！

作りおきタルトのススメ

基本の3ナイタルト生地は冷凍庫で1ヶ月以上保存OK。
週末にまとめて生地を作りおきすれば、もっと手軽にタルトが作れんねん！

丸めて冷凍

余った生地を丸めて、ラップで包んで冷凍庫に入れとくだけ。ただし、作りたい日の前の夜に冷蔵庫へ移して解凍するのを忘れんよーに。明日はどんなタルトにしようかな〜なんて考えながら眠るんも、素敵やん？

もちろんミニサイズ以外も
敷き込み冷凍ＯＫやで！

敷き込んで冷凍

紙の型に敷き込んだ状態でそのまま冷凍。保存容器に並べたら冷凍庫の中でスタッキングできるからかさばらない！さらに、これの魅力は解凍しなくていいところ。中身を詰めたらそのままオーブンに入れちゃって！

scene1

持ち寄りパーティ

娘の友達とママ友みんなで
持ち寄りパーティ！
スッとタルトを差し出したら
テーブル華やぎ、拍手喝采。
「お母さん、ドヤ顔せんといて」
すかさず娘のツッコミが飛ぶ。

パーティに持っていくタルトの
条件は、形が崩れにくくて
見た目が華やかなこと。
アレンジ自在な焼き込みタルトや、
シェアしやすくてかわいいプチタルト、
圧倒的存在感のメレンゲタルトは、
ビジュアルの美しさに娘たち歓喜。
スマホのシャッター音が鳴り響く。
さぁ、写真はそのくらいにして
グラスを持って「カンパ〜イ!」

はじめてのタルト作りに

いちごの焼き込みタルト

はじめてタルトに挑戦するなら焼き込みタルトがおすすめ。タルト生地とアーモンドクリーム、フルーツで作る一番シンプルなレシピやねん。特にみんな大好きいちごの焼き込みタルトは、果肉がジュワッとジューシーでサクサクのタルト生地とのハーモニーが最高なんよ……。パーティのときはフチに粉砂糖ふってナパージュを塗ったらドレスアップ完了よ。

カットしてみると…

第3層
いちご

見た目よし！ 味よし！ の優秀フルーツ。砕いたピスタチオを散らして風味と彩りをプラスするとなおよし！

いちごは焼けたときに埋もれないようにやさしく置くのがコツ

第2層
基本のアーモンドクリーム

やさしい甘さと香ばしい香りのアーモンドクリーム。

第1層
基本のタルト生地

直径18cmのブリキ型で焼き上げたタルト生地。

Tart Recipe

材料

- 基本のタルト生地
- 基本のアーモンドクリーム
- いちご……7粒
- ナパージュ……適量
- 粉砂糖……適量
- ピスタチオ……適量

作り方

Step 1
基本のタルト生地（P.20）をStep**C**のピケするところまで作ったら冷凍庫でスタンバイ。急速に冷やして生地を固めて、寝かす時間を短縮。

Step 2
基本のアーモンドクリーム（P.22）を作る。いちごはヘタを取って縦半分にカットする。基本のタルト生地にアーモンドクリームを入れて表面をならしたら、いちごを等間隔にやさしく置いていく。

Step 3
予熱した190℃のオーブンで40分焼く。トップが焦げそうならアルミホイルを被せる。焼き上がったら冷ましてナパージュ（P.82）を塗り、タルトのフチに粉砂糖をふって、砕いたピスタチオを散らして完成。

心躍る水玉模様

ぶどうの焼き込みタルト

ちょっとこの見た目かわいすぎん？
オーブンから取り出したとき
思わずガッツポーズしてしもたよ。
食べるのがもったいない～とか
いいながら大きなお口で
かぶりつけば、広がるぶどうの
香りと食感がいい感じ。
2色の種なしぶどうを
皮ごと入れたのが大正解ね。
紅茶でも入れてみんなで優雅に
お茶会したいわ～。

カットしてみると…

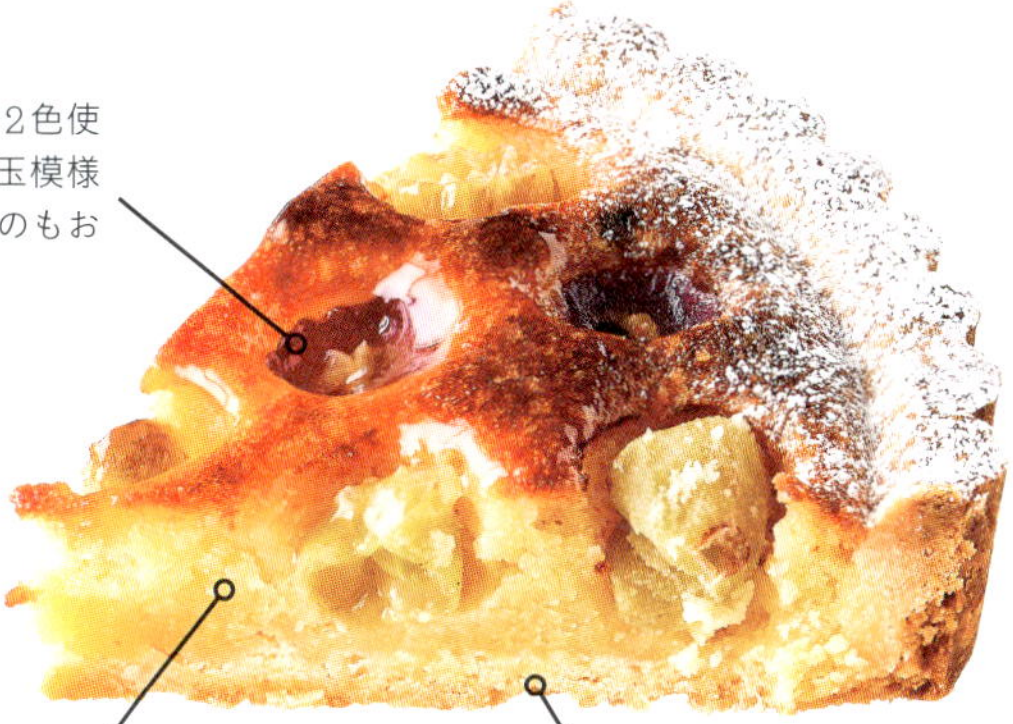

焼くとぶどうの甘みが増して高級感〜

第3層

ぶどう

小粒の種なしぶどうを2色使いで均等に並べて、水玉模様に。ナパージュを塗るのもお忘れなく！

第2層

基本のアーモンドクリーム

やさしい甘さと香ばしい香りのアーモンドクリーム。

第1層

基本のタルト生地

直径18cmのブリキ型で焼き上げたタルト生地。

Tart Recipe

材料

- 基本のタルト生地
- 基本のアーモンドクリーム
- ぶどう……適量（粒の大きさによって調整）
- ナパージュ……適量
- 粉砂糖……適量

作り方

Step 1
基本のタルト生地（P.20）をStep**C**のピケするところまで作ったら冷凍庫でスタンバイ。急速に冷やして生地を固めて、寝かす時間を短縮。

Step 2
基本のアーモンドクリーム（P.22）を作る。ぶどうは縦半分にカットする。基本のタルト生地にアーモンドクリームを入れて表面をならしたら、ぶどうを等間隔にやさしく置いていく。

Step 3
予熱した190℃のオーブンで40分焼く。トップが焦げそうならアルミホイルを被せる。焼き上がったら冷ましてナパージュ（P.82）を塗り、タルトのフチに粉砂糖をふって完成。

お口に広がる南国の風

ばななココナッツタルト

カットしてみると…

第3層

ばなな

濃厚なゴロゴロばななが食べ応え抜群! こんがり焼けたココナッツファインは、食感がサクサク楽しい南国風味。

第2層

基本のアーモンドクリーム

やさしい甘さと香ばしい香りのアーモンドクリーム。

第1層

基本のタルト生地

直径18cmのブリキ型で焼き上げたタルト生地。

おいしすぎて体が勝手に躍りだす〜

Tart Recipe

材料

- 基本のタルト生地
- 基本のアーモンドクリーム
- ばなな……1〜2本
- ココナッツファイン……適量
- ナパージュ……適量

作り方

Step 1 基本のタルト生地(P.20)をStep**C**のピケするところまで作ったら、冷凍庫でスタンバイ。急速に冷やして生地を固めて、寝かす時間を短縮。

Step 2 基本のアーモンドクリーム(P.22)を作る。ばななを2cmの厚さの輪切りにする。基本のタルト生地にアーモンドクリームを入れて表面をならしたら、ばななを等間隔にやさしく置いていく。

Step 3 タルトのフチにココナッツファインをふりかけて、予熱した190℃のオーブンで40分焼く。トップが焦げそうならアルミホイルを被せる。焼き上がったら冷まして、ナパージュ(P.82)を塗って完成。

ほっこりこっくり秋の味

焼き芋タルト

カットしてみると…

第2層

基本のアーモンドクリーム＋焼き芋

焼き芋の甘みがアーモンドクリームに溶けだして、ほっとするおいしさに。

第1層

基本のタルト生地

直径18cmのブリキ型で焼き上げたタルト生地。

Tart Recipe

材料

- 基本のタルト生地
- 基本のアーモンドクリーム
- 焼き芋……1本（芋の大きさによって調整）
- ハーブ……お好みで

作り方

Step 1
基本のタルト生地（P.20）をStep**C**のピケするところまで作ったら、冷凍庫でスタンバイ。急速に冷やして生地を固めて、寝かす時間を短縮。

Step 2
基本のアーモンドクリーム（P.22）を作る。焼き芋を角切りにしてアーモンドクリームに混ぜ込み、基本のタルト生地に入れて表面をならす。

Step 3
予熱した190℃のオーブンで40分焼く。トップが焦げそうならアルミホイルを被せる。色味が茶色いので、タイムなどのハーブを飾り付けて完成。温かいままでも冷ましてもおいしい。

テーブルの主役は、わ・た・し！

メレンゲタルト

はぁ……うっとり……。
素敵すぎるやろ。
パーティのテーブルに鎮座する姿は
まるでドレスをまとったお姫様。
そんなルックスに負けず劣らず
リッチなお味の秘密は生クリームと
カスタードクリームのＷクリーム。
カリッと食べたらふわりと溶ける
魔法みたいな食感の
メレンゲクッキーと一緒にほお張れば
お口の中がファンタスティック！

カットしてみると…

第3層

メレンゲクッキー

食感が楽しいメレンゲクッキー。カスタード作りで余った卵白を使えば無駄がナイ！

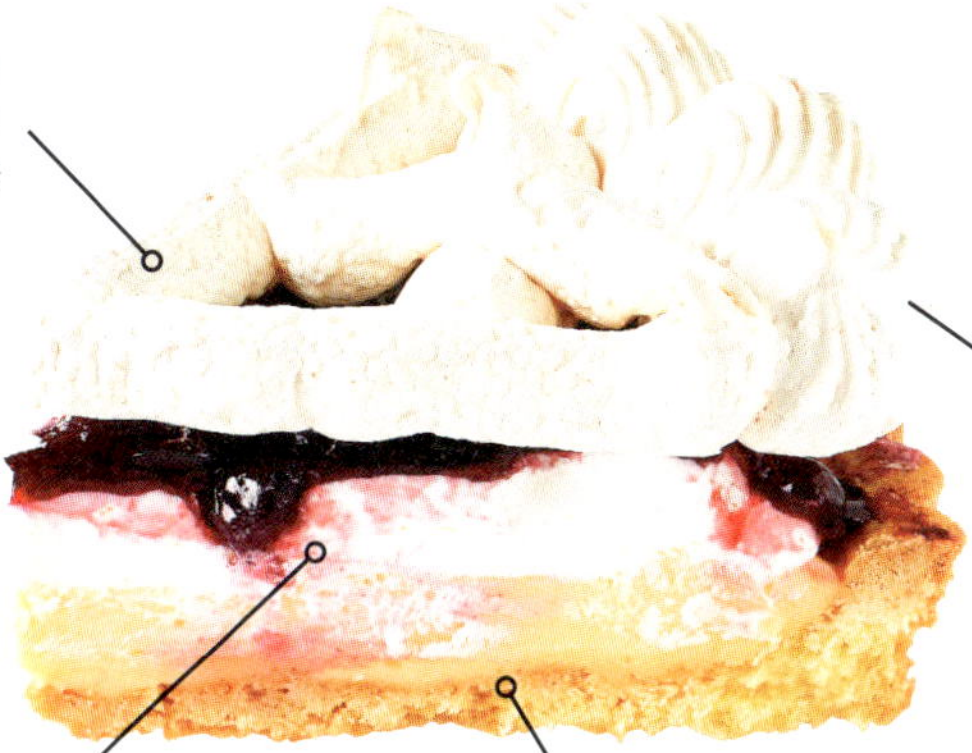

メレンゲは別焼き

メレンゲクッキーはクッキングシートの上にタルトの形に絞って別焼き。焼き時間の後半で何度かオーブンの扉を開けると、水分が抜けてサクッと焼ける。

第2層

基本のカスタードクリーム＋生クリーム＋ジャム

Wクリームと合わせるジャムは、お好みの味をセレクトして。おすすめは甘酸っぱくて色味もかわいいベリー系。

第1層

基本のタルト生地

直径18cmのブリキ型で焼き上げたタルト生地。

Tart Recipe

材料

- 基本のタルト生地
- 基本のカスタードクリーム
- 生クリーム……100cc
- グラニュー糖……5g

メレンゲクッキー

- 卵白……1個分
- 塩……ひとつまみ
- グラニュー糖……60g
- コーンスターチ……大さじ1
- レモン汁……少々

- 好みのジャム……100g

作り方

Step 1 基本のタルト生地（P.20）を予熱した190℃のオーブンで、生地のみ20分〜25分焼く。ボウルに生クリームとグラニュー糖を入れ、ハンドミキサーでツノが立つまで泡立てる。

Step 2 メレンゲクッキーを作る。ボウルに卵白と塩を入れ、グラニュー糖を2回に分けて加えながら混ぜる。ツノが立つくらい固くなったらコンスターチとレモン汁を加えてさらに混ぜる。120℃に予熱したオーブンで1時間焼いて、オーブンから出さずにしっかりと冷ます。

Step 3 基本のタルト生地に練り直した基本のカスタードクリーム（P.24）→生クリーム→好みのジャムの順に入れていき、よく冷ましたメレンゲクッキーをのせて完成。

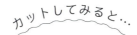

みりんで煮るだけ
しっとりコンポート

りんごクルミタルト

もうすっかり秋ねぇ。
夜風が少し冷たくなって
なんだかさみしい気持ちになったら
そっと煮込むの、〝みりんご〟を。
鍋にりんごとひたひたのみりんを
入れて、ぶくぶく煮える様子を
ひたすら眺め、過ぎゆく夜長。
リーン、リーン、鈴虫が鳴いてる。
グゥー……。これは私の腹の虫。
こっくり秋色に染まったりんごを
味見で一口。もう一口……。

カットしてみると…

第3層

クルミ

アーモンドクリームに混ぜた残りを散らす。タルトのフチに粉砂糖をふって、ディルで彩りをプラス。

第2層

基本のアーモンドクリーム＋みりんご＋クルミ

みりんごと相まってしっとり食感のアーモンドクリームに、カリッとクルミがアクセント。

第1層

基本のタルト生地

直径18cmのブリキ型で焼き上げたタルト生地。

りんごは
イチョウ切り！

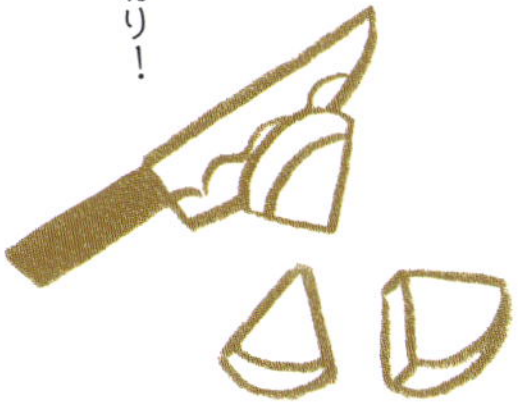

Tart Recipe

材料

みりんご

- りんご……1個
- みりん……適量（200cc前後）

- 基本のタルト生地
- 基本のアーモンドクリーム
- クルミ……40g
- 粉砂糖……適量
- ハーブ……適量

作り方

Step 1
みりんご作る。イチョウ切りにしたりんごを小鍋に入れて、ひたひたになるくらいみりんを加える。中火でぶくぶくと煮て、水気がなくなる手前で火からおろして冷ます。

Step 2
基本のタルト生地（P.20）をStep**C**のピケするところまで作ったら、冷凍庫でスタンバイ。さらに基本のアーモンドクリーム（P.22）を作り、みりんごと半量のクルミを加えて混ぜる。

Step 3
基本のタルト生地に、みりんごとクルミ入りのアーモンドクリームを入れる。表面をならして残りのクルミをトップに散らし、予熱した190℃のオーブンで40分しっかりと焼く。粉砂糖をふり、ハーブをのせて完成。

ほろ苦ジューシー大人味

抹茶とベリーのタルト

昨今の抹茶好き人口の
多さといったらすごいやんな。
原宿の日本初上陸スイーツにも
興味津々やけど、やっぱり
日本人は抹茶味が落ち着くのかしら。
かくいう私も例に漏れることなく
抹茶ラヴァーなわけで。
やっぱ作っちゃうよね、抹茶タルト。
このほろ苦い生地には、甘酸っぱい
ベリーソースがホンマよく合うねん。

カットしてみると…

第3層

ベリーソース

冷凍のミックスベリーにグラニュー糖を加えただけの簡単レシピ。甘酸っぱくてとってもジューシー。

第2層

基本のアーモンドクリーム＋抹茶

抹茶入りのアーモンドクリーム。焼き上がりはしっとり、甘さは控えめ。鮮やかなグリーンが素敵でしょ？

第1層

基本のタルト生地＋抹茶

直径16cm、高さ4cmの紙型で作った抹茶入りのタルト生地。ほろ苦い抹茶風味がフルーツの甘みを引き立てる。

Tart Recipe

材料

- 基本のタルト生地
  ＊薄力粉100gのうち10gを抹茶パウダー10gに変更
- 基本のアーモンドクリーム
  ＊抹茶パウダー5gをアーモンドプードルに足す
- 冷凍ミックスベリー……150〜200g
- グラニュー糖……30g

作り方

Step 1
Step**A**で抹茶を加えた基本のタルト生地（P.20）を紙型に敷き込み、Step**C**のピケするところまで作ったら、冷凍庫でスタンバイ。基本のアーモンドクリーム（P.22）のStep**C**で抹茶を加えて作る。

Step 2
抹茶タルト生地に抹茶アーモンドクリームを入れて、予熱した190℃のオーブンで35分ほど焼く。焼いている間に、小鍋に冷凍ミックスベリーとグラニュー糖を入れ、グラニュー糖が溶けるまでサッと煮て冷ましておく。

Step 3
タルトが冷めたら、ベリーソースをたっぷりのせて完成。ブリキのタルト型よりも深い紙型で焼くので、ベリーソースを山盛りのせても溢れない。ソースがツヤツヤしてるからナパージュなしでも様になる。

フルーツとクリームでドレスアップ

チーズクリームのプチタルト

切り分け不要でシェアしやすいミニタルトはパーティにぴったり！ 1個でも十分かわいいけど、たくさん並んだ姿は愛おしくてたまらない……。これをアイドルグループの法則と名づけましょう。お揃いのチーズクリームとフルーツでおめかししたら、ステージに上がってスタンバイ。聞いてください、「タルトに恋して」

第3層

チーズクリーム＋フルーツ

濃厚なチーズクリームを高さが出るように絞る。仕上げにお好みのフルーツを飾って。

第2層

基本のアーモンドクリーム

やさしい甘さと香ばしい香りのアーモンドクリーム。

第1層

基本のタルト生地

紙コップの底から2cm部分を切り取り、型にして作ったタルト生地。

チーズの酸味で
濃厚なのに
さわやかなの〜

Tart Recipe

材料

- 基本のタルト生地
（直径18cmのタルト型1台分の分量で約9個）
- 基本のアーモンドクリーム
- クリームチーズ……100g
- グラニュー糖……20g
- 生クリーム……10cc
- 好みのフルーツ……適量

作り方

Step 1
紙コップの底から2cmを残して切り取った型で、基本のタルト生地（P.20）を敷き込み、冷凍庫でスタンバイ。基本のアーモンドクリーム（P.22）を、タルト生地の7分目まで入れ、予熱した190℃のオーブンで20分焼く。

Step 2
クリームチーズをボウルに入れて、ハンドミキサーで泡立てる。グラニュー糖、生クリームを加えてその都度混ぜ、固めのチーズクリームを作る。

Step 3
Step**2**のクリームを星型口金をつけた絞り袋に入れ、冷ましたタルトに絞る。クリームの上に好みのフルーツを飾って完成。

はい！みんな注目〜！
こんがり焼けたクレームブリュレの
表面をスプーンの背で
コツ、コツ、コツ、パリッ……！
中からクリームが顔を出す。
あぁ、この瞬間のためと思えば
バーナーであぶる手間すらも
愛おしい。なんて罪なタルトなん？
恋愛トークで大盛り上がりの娘たちも
このときだけは静かになる。
これ、わが家の女子会あるあるね。

表面パリッと中はとろ〜り

クレームブリュレプチタルト

すくってみると…

第3層
焦がしたグラニュー糖

キャラメリゼした表面は香ばしい風味とパリパリの食感が楽しい。スプーンでコツコツ割って食べる。

第2層
基本のカスタードクリーム＋生クリーム

カスタードクリームと生クリームを合わせたクリーム。ほんのり温かいうちにスプーンですくって召し上がれ。

第1層
基本のタルト生地

使い捨てミニカップで作ったタルト生地。直径18cmのタルト型1台分の分量で約8個。

Tart Recipe

材料

- 基本のタルト生地（直径18cmのタルト型1台分の分量で約8個）
- 基本のカスタードクリーム
- 生クリーム……50cc
- グラニュー糖……適量

作り方

Step 1
使い捨てミニカップに基本のタルト生地（P.20）を敷き込み、冷凍庫で冷やす。予熱した190℃のオーブンで20分焼く。

Step 2
冷めた基本のカスタードクリーム（P.24）をボウルに入れ、ハンドミキサーでやわらかくなるまで練り直す。生クリームを加えてさらに混ぜる。

Step 3
タルト生地にクリームを入れる。トップにグラニュー糖をたっぷりかけたら、バーナーでキャラメリゼして完成。バーナーがない場合は、火で金属製のスプーンの背を熱してグラニュー糖に当てる（ヤケド注意）。

バレンタインデーの定番

ブラウニータルト

簡単においしく作れるブラウニータルトはバレンタインデーの定番レシピ。みんなで作って、トッピングはそれぞれのセンスの見せどころ。誰のが一番かわいいとか、盛り上がること間違いなし。私のイチオシはココアクッキーをザクザク刺したこのビジュアル。え？ 某おしゃれフードショップで見たことあるって？ パクリちゃうよ、インスパイアされたの。

basic brownie

基本のブラウニー

ずっしり濃厚なチョコブラウニー。
クルミを入れて食感にアクセントを加えるのがポイント。

材料

- バター……50g
- 板チョコレート……2枚
- グラニュー糖……20g
- サラダ油……10g
- 溶き卵……1個分
- 薄力粉……40g
- ココア……10g
- クルミ……30g

作り方

Step 1

ボウルにバターと板チョコレートを入れ、なめらかになるまで湯せんで溶かす。

Step 2

ボウルにグラニュー糖、サラダ油、溶き卵、薄力粉、ココアを加え、その都度ホイッパーで混ぜる。

Step 3

すべてを混ぜ合わせたら、最後に砕いたクルミも加えて混ぜ合わせる。

大胆にのせちゃって!

ココアクッキー ブラウニータルト

カットしてみると…

第3層

ココアクッキー

市販のココアクッキーを割って大胆に飾り付け。アイシングとラズベリーフレークで華やかに。

第2層

基本のブラウニー

しっとりずっしり濃厚なブラウニー生地。ゴロゴロ入ってるクルミがいい仕事してる。

第1層

基本のタルト生地

使い捨て長方形カップで作ったタルト生地。直径18cmのタルト型1台分の分量で約6個。

Tart Recipe

使うもの

- 基本のタルト生地（直径18cmのタルト型1台分の分量で約6個）
- 基本のブラウニー
- ココアクッキー……適量
- 粉砂糖……20g
- ラズベリーフレーク……少々

作り方

Step 1 使い捨て長方形カップに、基本のタルト生地（P.20）を敷き込み、冷凍庫でスタンバイ。

Step 2 基本のブラウニー（P.47）を作ってタルト生地に入れ、180℃に予熱したオーブンで25分焼く。

Step 3 焼けたらすぐに割ったココアクッキーをブラウニーに押し込むように飾り付ける。少量の水で溶いた粉砂糖（アイシング）を上からジグザグを描くようにかけ、ラズベリーフレークをのせて完成。

はんなり和風味

抹茶甘納豆ブラウニータルト

カットしてみると…

第3層

甘納豆

抹茶のブラウニーと甘納豆はもはや最強タッグ。抹茶の渋みが甘納豆のやさしい甘みでまろやかに。

第2層

基本のブラウニー＋抹茶

基本のブラウニーを抹茶味にアレンジ。濃厚さはそのままに、鼻から抜ける抹茶の香りにいやされる。

第1層

基本のタルト生地

使い捨て長方形カップで作ったタルト生地。直径18cmのタルト型1台分の分量で約6個。

Tart Recipe

材料

- 基本のタルト生地
  （直径18cmのタルト型1台分の分量で約6個）
- 基本のブラウニー
  ＊板チョコレートを同量のホワイトチョコレートに変更
  ＊ココアを同量の抹茶パウダーに変更
- 甘納豆……適量

作り方

Step 1
使い捨て長方形カップに、基本のタルト生地（P.20）を敷き込み、冷凍庫でスタンバイ。

Step 2
基本のブラウニー（P.47）のStep1の板チョコレートをホワイトチョコレートに、ココアを抹茶パウダーに変更した抹茶ブラウニーを作る。タルト生地に入れて、180℃に予熱したオーブンで25分焼く。

Step 3
焼けたらすぐに甘納豆をブラウニーに押し込むように飾り付けて完成。

ふわとろマシュマロのせ

ベイクドチーズ プチタルト

濃厚なベイクドチーズタルトは
わが家の女子受けNo.1。
パーティではミニサイズで
たくさん作ってマシュマロをON。
帽子みたいでかわいいでしょ？
さぁ、お楽しみはこれから。
食べる直前にレンジで加熱。
みるみる溶けてくマシュマロを
鋭いまなざしで見つめながら
ベストな瞬間を見極める。
よし……今！ さあ召し上がれ！

カットしてみると…

第3層
マシュマロ

食べる直前にレンジで加熱してとろ〜りとろけさせる。とろけ具合は刻一刻と変化するから、よそ見は禁物。

第2層
チーズ生地

酸味と甘みのバランスが絶妙なチーズ生地をこんがりベイク。お口に入れるとほろほろほどける。

第1層
基本のタルト生地

紙コップの底から2cm部分の型で作ったタルト生地。直径18cmのタルト型1台分の分量で約9個。

Tart Recipe

材料

- 基本のタルト生地（直径18cmのタルト型1台分の分量で約9個）
- クリームチーズ……100g
- グラニュー糖……40g
- 卵……1個
- 生クリーム……50cc
- レモン汁……小さじ2
- 薄力粉……大さじ1
- マシュマロ……適量

作り方

Step 1 紙コップの底から2cmを残して切り取った型に基本のタルト生地（P.20）を敷き込んで、冷凍庫でスタンバイ。

Step 2 ボウルに室温に戻したクリームチーズを入れ、ホイッパーで混ぜる。グラニュー糖→卵→生クリーム→レモン汁の順に加え、その都度混ぜる。最後に薄力粉を加えて混ぜる。

Step 3 タルト型にStep**2**の生地を7分目まで入れ、180℃に予熱したオーブンで30分焼いて取り出し、マシュマロをのせる。下の部分が少し溶けたら冷蔵庫で冷やす。食べるときは、600Wの電子レンジで約10秒温める。

カリカリナッツと
香ばしキャラメル

フロランタンタルト

ツヤツヤのキャラメルに
コーティングされたアーモンドの
香ばしさと、かすかな塩味が
絶妙なハーモニーを奏でるこのタルト。
実は、近年で一番の自信作やねん。
形が崩れにくいから
プレゼントにもピッタリ。
フロランタンが余ったら、パンや
クラッカーにのせて二度おいしい！
いや、むしろそのまま食べてもおいしい！
誰が何ていおうが、とにかくおすすめ！

カットしてみると…

ナッツと塩って
どうしてこんなに
よく合うの？

第3層

フロランタン

キャラメルコーティングされたスライスアーモンドに塩をパラパラ。はじめてキャラメルに塩かけた人、天才。

第2層

基本のアーモンドクリーム

やさしい甘さと香ばしい香りのアーモンドクリーム。欲張りすぎると溢れちゃうから5分目まで。

第1層

基本のタルト生地

使い捨てスクエアカップで作ったタルト生地。直径18cmのタルト型1台分の分量で約8個。

Tart Recipe

材料

- 基本のタルト生地
  （直径18cmタルト型1台分の分量で約8個）
- 基本のアーモンドクリーム

フロランタン

- バター……20g
- グラニュー糖……20g
- 生クリーム……20cc
- ハチミツ……5g
- スライスアーモンド……20g

- 塩……適量

作り方

Step 1 使い捨てスクエアカップに基本のタルト生地（P.20）を敷き込み、基本のアーモンドクリーム（P.22）を5分目まで入れる。

Step 2 鍋にスライスアーモンド以外のフロランタンの材料を入れ火にかける。かき混ぜながら煮立たせ、少し色付きだしたら火を止めて、スライスアーモンドを入れて混ぜる。

Step 3 アーモンドクリームを入れたタルト生地の上にフロランタンを8分目まで入れ、予熱した190℃のオーブンで35分ほど焼く。焼けてオーブンから出したら塩をパラパラとふる。

Column

持ち歩きに、プレゼントに

タルトが映える ラッピングのコツ

タルトがきれいに作れたら、
かわいく包んで持ち寄りパーティに出掛けましょ。
ここでは簡単で素敵なラッピングのコツをご紹介。

スクエアカップで焼いたタルトはワックスシートを敷いたボックスにイン。カットしたタルトは、1ピースずつ透明なビニール袋に入れて、ビニタイで袋の口を留める。シンプルだけど、タルトがかわいいから映えるのよ。

ホールのまま持っていきたいけど、ぴったりの箱がみつからない……。そんなときは、透明なビニール袋と紙皿があれば大丈夫！ 自作したタグをビニタイに通して袋の口を留めれば、あらおしゃれ。

ホールタルトの包み方

1 紙皿の上にホールのタルトを置く。タルトは焼き込みタルトなどがおすすめ。
2 紙皿ごとタルトを透明なビニール袋の中に入れて、ビニタイで袋の口を留める。

1

2

scene2

おうちカフェ

いつもはなにかとバタバタしてる
平日の午後。だけど今日は早めに
家事がいち段落して、娘も放課後
寄り道しないで帰ってきたな……。
こんなときは、緊急開店！
森家おうちカフェ。
オーブンから漂う香りにつられて、
娘がひょっこり
キッチンに顔を出す。
タルトができたらコーヒー入れて
さぁ、女子会を始めましょ。

今日はどんなことがあったとか、
今晩の献立とか、今週末の予定とか。
たわいもない話ばかりだけど、
ゆっくり会話する時間って大事やね。
タルトもコーヒーもお代わり自由よ。
だってここはおうちカフェだから。
気兼ねなく、どうぞごゆっくり〜。

華やかジューシー
タルトの王道

ミックス生フルーツタルト

誰かの誕生日とか、
何かの記念日とか、
ここぞという日に作りたい
眩いばかりの輝きを放つこのタルト。
まるでフルーツの宝石箱や〜。
一口ほお張れば、クリームの甘さと
タルトの香ばしさ、そして
フレッシュフルーツの甘酸っぱさが
合わさって、押し寄せるおいしさの
ビッグウェーブ！
波乗り気分でスイスイ食べたら、
あっという間に1ピースぺろり。

カットしてみると…

第3層

基本のカスタードクリーム＋生クリーム＋フルーツ

濃厚なWクリームと、ジューシーなフルーツはよく合うの。

第2層

基本のアーモンドクリーム

やさしい甘さと香ばしい香りのアーモンドクリーム。

第1層

基本のタルト生地

直径18cmのブリキ型で作ったタルト生地。

Tart Recipe

材料

- 基本のタルト生地
- 基本のアーモンドクリーム
- 基本のカスタードクリーム
- 生クリーム……10cc
- 好みのフルーツ……適量

作り方

Step 1 基本のタルト生地(P.20)に基本のアーモンドクリーム(P.22)を入れて、予熱した190℃のオーブンで35分ほど焼く。

Step 2 ボウルに基本のカスタードクリーム(P.24)と生クリームを入れ、ハンドミキサーでなめらかになるまで混ぜる。

Step 3 タルト生地にStep**2**のクリームをのせて上にフルーツを飾って完成。

おいしさの最高峰

かまくら モンブラン タルト

食欲の秋のおともに、
たっぷりマロンクリームの
かまくらモンブランタルトはいかが？
ヨーロッパアルプスの最高峰
モンブランの名に恥じぬ
堂々とした佇まいに、
両手を合わせていただきます！
口どけのいいマロンクリームと
ゴロゴロ入ったむき甘栗が
お口に秋を連れてくる。
くれぐれも、食べすぎにはご用心。

カットしてみると…

生地にもクリームにも栗たっぷり

第3層

基本のカスタードクリーム+マロン生クリーム+栗の渋皮煮

マロンペースト入りの生クリームに渋皮煮と、栗尽くしの贅沢な味わい。クリームは惜しげもなく、こんもりと。

第2層

基本のアーモンドクリーム+むき甘栗

ゴロゴロ入った甘栗が食べ応え抜群!アーモンドクリームのほどよい甘さが、むき甘栗の風味を引き立てる。

第1層

基本のタルト生地

直径18cmのブリキ型で作ったタルト生地。

Tart Recipe

材料

- 基本のタルト生地
- 基本のアーモンドクリーム
- むき甘栗……70g
- 基本のカスタードクリーム
- 生クリーム……100cc
- マロンクリーム（市販）……100g
- 栗の渋皮煮……適量
- ココア……適量
- ハーブ……適量

作り方

Step 1
基本のタルト生地（P.20）をStep**C**のピケするところまで作ったら、冷凍庫でスタンバイ。基本のアーモンドクリーム（P.22）に、砕いたむき甘栗を加えて生地に入れる。予熱した190℃のオーブンで35分〜40分焼く。

Step 2
基本のカスタード（P.24）をホイッパーでなめらかになるまで練り直す。別のボウルに生クリームと市販のマロンクリームを入れ、ハンドミキサーで8分目まで泡立てる。

Step 3
タルトの中央にカスタードをのせ、周りにぐるりと栗の渋皮煮を並べる。その上からマロンクリーム入りの生クリームをのせ、かまくら型にゴムベラでならす。上からココアをふり、栗の渋皮煮とハーブを飾って完成。

おいしい秘密が隠れてる

かまくらいちごタルト

こんもりと盛ったクリームから
ちらりとのぞくフレッシュいちご。
さあさあ、一口食べてみて。
お分かりだろうか……？
そう！ 土台はいちごの焼き込みタルト。
オーブンで焼かれたいちごの
ジャムみたいに濃縮された甘みと、
フレッシュいちごのジューシーな
甘酸っぱさが両方味わえるってわけ。
お得が大好き関西人の
心をくすぐるタルトやねん。

カットしてみると…

ゴムベラで表面をなめらかに

第3層 生クリーム

ドサリとのせた生クリームは、ゴムベラで表面をならしてかまくら型に。仕上げに粉砂糖の雪を散らして。

第2層 基本のカスタードクリーム+いちご

牛乳と卵のやさしい甘みと、バニラエッセンスの香りが、甘酸っぱいフレッシュいちごとマッチ。

第1層 いちごの焼き込みタルト

いちごの焼き込みタルトをベースに使用。焼いたいちごと生のいちご、2種類の食感が楽しい。

Tart Recipe

材料

- いちごの焼き込みタルト……1台
- 基本のカスタードクリーム
- 生クリーム……100cc
- グラニュー糖……8g
- いちご……適量
- 粉砂糖……適量

作り方

Step 1 いちごの焼き込みタルト(P.30)を作る。基本のカスタードクリーム(P.24)をホイッパーでなめらかになるまで練り直す。

Step 2 別のボウルに生クリームとグラニュー糖を入れ、ハンドミキサーでツノが立つまで泡立てる。いちごはヘタを取って縦半分にカットする。

Step 3 タルトの中央にカスタードクリームをこんもりとのせ、周りにカットしたいちごをぐるりと並べる。その上から生クリームをのせ、かまくら型にゴムベラでならす。上から粉砂糖をたっぷりふって完成。

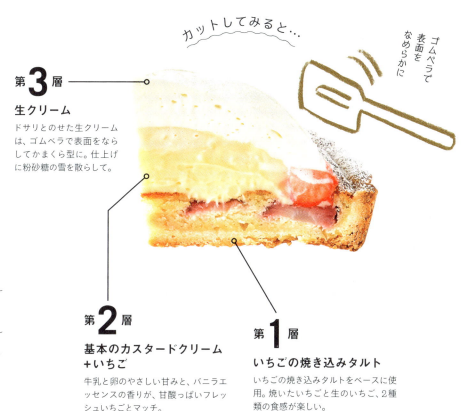

牧場仕立ての

ティラミスタルト

広がる芝生に、吹き抜けるさわやかな風。
漂う抹茶の香り。草を食む牛たち。
心安らぐ風景とゆったりとした
時間が流れる、ここは
3ナイティラミス牧場。
クリームチーズのまろやかな風味が
疲れた心をいやしてくれる。
またある日は抹茶の芝生を
ココアに替えて、
ぶたさん泥んこ祭りで大盛り上がり。
タルトの上の非日常の世界に
思いを馳せる昼下がり……。

マスカルポーネ使わナイ！
オーブン使わナイ！ 卵使わナイ！

3ナイティラミス

ティラミスタルトの中身はこれ。タルトに入れても、器に盛ってティラミスだけでも楽しめる、ハイブリッドなレシピなの。

シロップとパウダーを替えてアレンジしてね

材料

- 抹茶シロップ（P.66）／コーヒーシロップ（P.67）
- 生クリーム……100cc
- クリームチーズ……100g
- グラニュー糖……30g
- スポンジケーキ（市販）……1／2枚
- パウダー（ココア／抹茶）……適量

作り方

Step 1

シロップの材料を小鍋に入れて火にかけ、よく混ぜながら溶かして冷ましておく。ボウルに生クリームを入れ、ハンドミキサーでツノがお辞儀するまで泡立てる。

Step 2

別のボウルに常温に戻したクリームチーズを入れ、ハンドミキサーで柔らかくなるまで混ぜたら、グラニュー糖を加えてさらに混ぜる。ゴムベラに持ち替え、生クリームを2回に分けて加え、その都度さっくり混ぜる。

Step 3

タルト生地にStep**2**のクリームをひとすくい分塗り広げ、その上にスポンジケーキを置く。シロップをハケで塗り、上から残りのクリームを入れてパウダーをふる。ティラミス単体で作るときは、器にスポンジを敷き、シロップ→クリーム→パウダーの順。

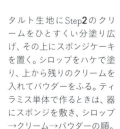

抹茶ティラミスタルト

～牛さんおさんぽ日和～

カットしてみると…

第3層

牛さん

牧場で気ままに暮らす牛さん。日向ぼっこしながら草を食み、日暮れとともに寝床に帰る。今夜はどんな夢を見るのかな。

第2層

3ナイ抹茶ティラミス

ティラミスも抹茶味。やはり抹茶の魅力には逆らえない。たっぷりふりかけた抹茶パウダーはまさに芝生。

第1層

基本のタルト生地

直径16cm、高さ4cmの紙型で作ったタルト生地。

Tart Recipe

材料

- 基本のタルト生地
- 3ナイティラミス

抹茶シロップ

- 抹茶パウダー……小さじ1
- グラニュー糖……10g
- 水……大さじ3

- 抹茶パウダー……適量

作り方

Step 1 直径16cmの紙型に基本のタルト生地（P.20）を敷き込み、予熱した190℃のオーブンで生地のみ20～25分焼く。

Step 2 抹茶シロップを使った3ナイティラミス（P.65）を作る。パウダーは抹茶パウダーを使用する。

Step 3 タルトの上に100円ショップで購入した牛さんと柵をのせて完成。ストーリーを考えながら、牛さんの立ち位置をアレンジしてみて。

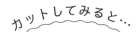

ココアティラミスタルト

〜ぶたさん泥んこ祭り〜

カットしてみると…

第3層

ぶたさん

今日は泥んこ祭りの日。だけど、うつむき気味で元気がなさそう。「自信を持って！」と背中を押したい。

第2層

3ナイココアティラミス

コーヒーシロップが大人な味わいのティラミス。ココアパウダーはたっぷりと。

第1層

基本のタルト生地

直径16cm、高さ4cmの紙型で作ったタルト生地。

Tart Recipe

材料

- 基本のタルト生地
- 3ナイティラミス

コーヒーシロップ

- インスタントコーヒー……小さじ1
- グラニュー糖……10g
- 水……大さじ3

- ココアパウダー……適量

作り方

Step 1
直径16cmの紙型に基本のタルト生地（P.20）を敷き込み、予熱した。190℃のオーブンで生地のみ20〜25分焼く。

Step 2
コーヒーシロップを使った3ナイティラミス（P.65）を作る。パウダーはココアパウダーを使用する。

Step 3
タルトの上に100円ショップで購入したぶたさんと柵をのせて完成。ぶたさんのおしりをこちらに向けて、チャームポイントのしっぽを見せてもかわいい。

お手軽なのにエレガント

チョコムースタルト

チョコが濃厚で甘党さんも
大満足なこのタルト。
上品かつエレガントな
マーブル模様ですましてるけど
実は、作るのめっちゃ簡単やねん。
その理由は、3ナイチョコムース。
使う材料は3つだけ、買っても
余らせがちなゼラチンは使わナイ！
チョコの味を変えるだけで、
アレンジ自在だから、その日の気分や
好みに合わせていろいろお試しあれ！

ゼラチン使わナイ！ はかり使わナイ！
材料３つしか使わナイ！

3ナイチョコムース

タルトに入れても、もちろん単体でもおいしいチョコムース。
冷蔵庫で半日以上、せっかちさんは冷凍庫で1時間以上冷やしてね。

材料

- 板チョコレート……100g
  ＊ここではホワイトチョコレートを使用
- 生クリーム……230cc
  （100ccと130ccに分ける）
- 卵黄……1個分

下準備

- 生クリーム（130cc）をゆるめ（トロッとする程度）に泡立て、冷蔵庫に入れておく。
- チョコレートをボウルに割り入れて湯煎で溶かしておく。

作り方

Step 1

耐熱ボウルに生クリーム（100cc）を入れ、600Wの電子レンジで1分ほど温める。取り出して卵黄を加えてホイッパーでよく混ぜる。再度電子レンジで30秒加熱し、取り出して混ぜる。さらに30秒加熱して、なめらかになるまで混ぜる。

Step 2

下準備で湯せんしたチョコレートを加えてよく混ぜ、人肌まで冷ます。急いで冷ましたいときは、ボウルの底に氷水を当てる。

Step 3

液が冷めたら、下準備で泡立てた生クリームを加えて、ゴムベラでさっくりと切るように混ぜる。

こってり濃厚クリーミー

ホワイトチョコムースタルト

カットしてみると…

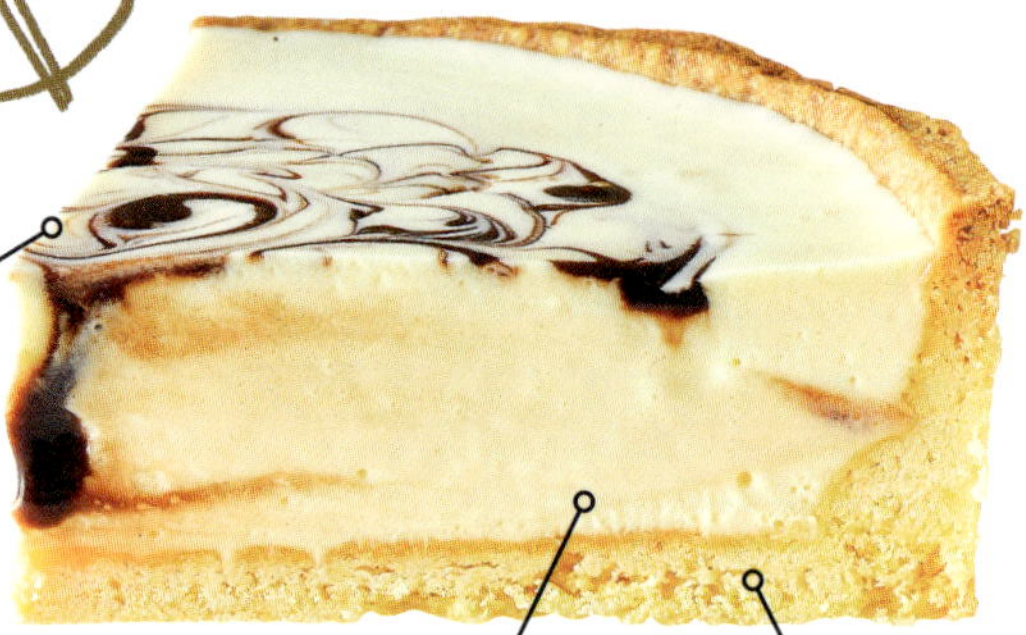

第3層

チョコソース

ムースを冷やす前に、チョコソースを垂らし、つまようじでくるくる広げる。エレガントなマーブル模様の出来上がり。

第2層

3ナイチョコムース

ホワイトチョコレートのチョコムース。こってり濃厚な仕上がりで甘党さんも大満足。食べる前によく冷やしてね。

第1層

基本のタルト生地

直径16cm、高さ4cmの紙型で作ったタルト生地。

Tart Recipe

材料

- 基本のタルト生地
- 3ナイチョコムース
  ＊ホワイトチョコレートを使用
- チョコソース（市販）
  ……適量

作り方

Step 1
直径16cmの紙型に基本のタルト生地（P.20）を敷き込み、予熱した190℃のオーブンで生地のみ20〜25分焼く。

Step 2
タルト生地にホワイトチョコレートで作った3ナイチョコムース（P.69）を入れる。

Step 3
上からチョコソースを数か所に垂らし、つまようじで円を描くように広げてマーブル模様を作る。冷蔵庫で半日以上冷やして完成。
＊使用するチョコレートの油分や生クリームの乳脂肪率でムースの固さが変わります。

チョコを替えてアレンジ自在

いろいろチョコムースタルト

**3ナイチョコムースは、板チョコレートの味を替えるだけで
アレンジできる！ あなたの好みは何チョコムース？**

Arrange
ブラックチョコレートで

ビターチョコ ムースタルト

ちょっと大人なあなたには、ブラックチョコを使ったビターチョコムースタルト。甘すぎなくてやみつきに。

Arrange
いちごチョコレートで

いちごチョコ ムースタルト

かわいいもの好きのあなたには、キュートないちごチョコムースタルト。淡いピンクとツンツン立てたツノがチャームポイント。

Arrange
抹茶チョコレートで

抹茶チョコ ムースタルト

和スイーツが好きなあなたには、やっぱり抹茶チョコムースタルト。抹茶の魔法で濃厚なのにさっぱりと食べられる。

幼いころの淡い記憶……

喫茶店プリンタルト

近所の商店街の片隅にあった
古い喫茶店。淹れたてのコーヒーの香りと
レコードから知らない曲が流れるそのお店で、
まだ子どもだった私の目当ては
さくらんぼののったプリン。
しっかり弾力ある食感と、ほろ苦い
カラメルソースが懐かしいわ。
そんな母の思い出話より、娘は目の前の
タルトに夢中。さくらんぼを最初に
食べちゃうところ、やっぱり親子ね。

さくらんぼ 最初に食べる派? 最後に食べる派?

第**3**層
**カラメルソース
＋ホイップクリーム
＋さくらんぼ**

プリンにはやっぱりカラメルソース。お好みの量をかけて召し上がれ。缶詰のさくらんぼがレトロかわいい。

第**2**層
プリン

昔ながらのしっかり弾力があるタイプのプリン。子どものころ喫茶店で食べたような懐かしい味。

第**1**層
基本のタルト生地

直径16cm、高さ4cmの紙型で作ったタルト生地。

Tart Recipe

材料

- 基本のタルト生地）
- 牛乳 —— 100cc
- 粉ゼラチン —— 5g
- 卵黄 —— 2個
- グラニュー糖 —— 40g
- バニラエッセンス —— 適量
- 生クリーム —— 100cc
- ホイップクリーム —— 適量
- 缶詰のさくらんぼ —— 適量
- カラメルソース
  —— お好みで

作り方

Step 1
直径16cmの紙型に基本のタルト生地(P.20)を敷き込み、予熱した190℃のオーブンで生地のみ20〜25分焼く。耐熱ボウルに牛乳を入れ、600Wの電子レンジで1分ほど温めたら、粉ゼラチンをふり入れてよく混ぜる。

Step 2
別のボウルに卵黄とグラニュー糖を入れ、ホイッパーですり混ぜる。白っぽくなったらStep1の液を加えて混ぜ、バニラエッセンス→生クリームの順に加えて混ぜる。

Step 3
タルト生地にStep2の液を茶こしでこしながら入れて、冷蔵庫で3時間以上しっかりと冷やす。液が固まったらホイップクリームを絞り、上に缶詰のさくらんぼを飾って完成。お好みでカラメルソースをかける。

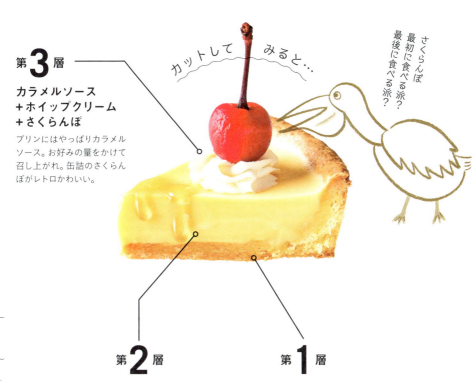

だって流行ってるんだもん！

タピオカミルクティータルト

流行りには真っ先に飛びつく派の私が、
見逃すわけがないでしょう？
この空前のタピオカブームを！
街で行列をたどれば必ず
タピオカのお店に行き着くといっても
過言ではないくらいの大人気ぶり。
そして、その長い長～い列に並んで
貴重な青春を浪費する娘に物申す！
今日は真っ直ぐ帰ってきなさい。
そんなに欲しいならお母さんが作ったる！

カットしてみると…

第3層

紅茶生クリーム +タピオカ

インスタントの粉末ミルクティー1杯分を入れた生クリームと、もちもちタピオカ。仕上げにココアパウダー。

第2層

市販のスポンジ+ティーベース

スポンジは市販のものでOK! ティーベースをよく染み込ませることで、しっとりした口当たりに。

第1層

基本のタルト生地+紅茶葉

直径14cmのブリキ型で作った紅茶葉入りのタルト生地。ふわっと広がる紅茶の風味にいやされる。

Tart Recipe

材料

- タピオカ……20g
- 基本のタルト生地（直径14cmのブリキ型）
  ＊細かくした紅茶葉を約5g加える
- スポンジケーキ（市販）……1枚
- ティーベース（希釈用）……適量
- 生クリーム……50cc
- 粉末ミルクティー……1杯分
- ココアパウダー……適量

作り方

Step 1 タピオカを鍋に入れ、ふたをして1時間ほど茹でる。StepAで紅茶葉を加えた基本のタルト生地（P.20）を直径14cmのブリキ型に敷き込み、予熱した190℃のオーブンで生地のみ20〜25分焼く。

Step 2 タルト生地にスポンジケーキを敷いて、ティーベースをハケで塗る。タルト生地のフチにそってタピオカを飾る。

Step 3 ボウルに生クリームを入れ、粉末ミルクティーを加えてハンドミキサーでツノが立つまで泡立てる。丸口金をつけた絞り袋に入れ、スポンジの上にポコポコ絞る。上からココアパウダーをふり、タピオカを飾って完成。

おうちカフェの
定番メニュー

ラズベリー チーズタルト

ベイクドチーズタルトに、
彩りを添えるフレッシュラズベリー。
ピンクのドットがかわいいでしょ？
濃厚なチーズ生地と
さっぱりラズベリーのコンビが絶妙な
おうちカフェ定番メニューやねん。
基本のタルト生地でもおいしいねんけど、
今日はココアを加えてアレンジ。
ラズベリーとココアの相性は
いわずもがなでしょ。
売り切れごめんの早い者勝ちやで。

カットしてみると…

第3層

ラズベリー

こんがり焼けて、味も香りもギュッと濃縮されたラズベリー。あえてランダムに並べた水玉模様がかわいい。

第2層

チーズ生地

ふわりと広がるチーズの香りと、しっとりとした口当たりがたまらない。ラズベリーとのコンビは鉄板。

第1層

基本のタルト生地 +ココアパウダー

直径18cmのブリキ型で作ったココアパウダー入りのタルト生地。甘酸っぱいラズベリーにぴったり。

Tart Recipe

材料

- 基本のタルト生地
  ＊薄力粉100gのうち10gをココアパウダー10gに変更
- クリームチーズ……100g
- グラニュー糖……40g
- 卵……1個
- 生クリーム……50cc
- レモン汁……小さじ2
- 薄力粉……大さじ1
- フレッシュラズベリー……50g

作り方

Step 1
Step**A**でココアパウダーを加えた基本のタルト生地(P.20)を、Step**C**のピケするところまで作ったら、冷凍庫でスタンバイ。

Step 2
室温に戻したクリームチーズをボウルに入れ、ホイッパーでなめらかになるまで練る。グラニュー糖→卵→生クリーム→レモン汁→薄力粉の順に加え、その都度混ぜて、チーズ生地を作る。

Step 3
タルト生地にStep**2**のチーズ生地を入れ、上からラズベリーを散らす。予熱した190℃のオーブンで45分ほど焼いて完成。冷蔵庫で冷やしてから食べる。

ラムレーズン香る コーヒーチーズタルト

カットしてみると…

第2層

コーヒーチーズ生地 +ラムレーズン

お湯で溶いたインスタントコーヒーとラムレーズンが効いた大人味。仕上げにコーヒービーンズチョコレートを飾る。

第1層

基本のタルト生地

直径18cmのブリキ型で作ったタルト生地。

Tart Recipe

材料

- 基本のタルト生地
- クリームチーズ……100g
- グラニュー糖……40g
- 卵……1個
- 生クリーム……50cc
- 薄力粉……大さじ1
- お湯……大さじ1
- インスタントコーヒー……大さじ1〜2
- ラムレーズン……40g
- コーヒービーンズチョコレート……適量

作り方

Step 1
基本のタルト生地（P.20）をStep**C**のピケするところまで作ったら、冷凍庫でスタンバイ。

Step 2
ボウルに室温に戻したクリームチーズを入れ、ホイッパーで練る。グラニュー糖→卵→生クリーム→薄力粉→お湯で溶いたインスタントコーヒーの順に加え、その都度混ぜて、コーヒーチーズ生地を作る。

Step 3
タルト生地の底にラムレーズンを敷き詰めたら、Step**2**のコーヒーチーズ生地をそっと入れ、予熱した190℃のオーブンで45分焼く。コーヒービーンズチョコレートを飾って完成。冷蔵庫で冷やしてから食べる。

さわやかレアチーズの ホワイトタルト

カットしてみると…

第2層

レアチーズ生地

ゼラチンを使わないレアチーズ生地。冷蔵庫で半日ほどしっかり冷やして。急ぐときは冷凍庫で1時間ほど。

第1層

基本のタルト生地

直径18cmのブリキ型で作ったタルト生地。

Tart Recipe

材料

- 基本のタルト生地
- クリームチーズ……100g
- ホワイトチョコレート……1枚
- 生クリーム……100cc（乳脂肪35%）
- 粉砂糖……お好みで

作り方

Step 1
基本のタルト生地（P.20）を予熱した190℃のオーブンで、生地のみ20〜25分焼く。ボウルに室温に戻したクリームチーズを入れ、ハンドミキサーで練る。

Step 2
別のボウルにホワイトチョコを割り入れて湯せんで溶かしたら、Step**1**のクリームチーズに加えてハンドミキサーで混ぜる。生クリームも加えてさらに混ぜる。

Step 3
タルト生地にStep**2**の液を入れ、冷蔵庫で半日ほどしっかり冷やして完成。お好みで粉砂糖をふる。

素直にいえない思いはタルトに込めて

オブアートタルト

「ありがとう」「ごめんね」

「おめでとう!」「大好き」

毎日顔を合わせる家族だからこそ、素直にいえない言葉や、気持ちをタルトに託してみるのはどうかしら?

ホワイトタルト(P.79)をベースに、食べられるインクのフードペンで描きたい言葉やイラストをオブアートに写せば、オブアートの完成。

文字や絵の腕前に自信がなくてもなぞるだけだから心配ナイ!

絵心もセンスも必要ナイ!

使うもの

1 オブラート
2 クリアファイル
3 フードペン

オブアートの作り方

Step 1

描きたい文字やイラストをタルトの大きさに合わせてプリントアウトし、クリアファイルに入れる。

Step 2

描きたい文字(イラスト)の上にオブラートをのせて、フードペンでなぞる。力を入れすぎると破けるので注意。なぞり終わったら、ホワイトタルトの上にオブラートをのせて完成。

Column

5ステップで華麗に変身！

デコレーションのコツ

すぐに手に入るものだけで、シンプルなタルトがお店みたいな仕上がりに。目からうろこなデコレーションのコツを紹介！

Step 1

ベースはいちごミニタルト

使い捨てミニカップで作った基本のタルト。カスタードクリームを山型に盛って高さを出すのがポイント。

Step 2

ナパージュを塗る

お店のタルトがキラキラして見えるのは、ナパージュの仕業。塗るだけでグッと本格的な雰囲気に。

なんちゃってナパージュ

買っても使い切れないナパージュは、少量の水で薄めたジャムで代用。ジャムの味はなんでもOK。

Step 3

砕いたパイ菓子を散らす

市販のパイ菓子を密閉袋に入れて砕き、タルトの上に散らす。サクサク食感もプラスされて一石二鳥。

Step 4

粉砂糖をふる

粉砂糖を茶こしに入れてふる。うっすら全体にかかる程度でストップ。かけすぎないように気を付けて。

Step 5

仕上げのトッピング

山型の頂点にホイップクリームを絞り、ミントを飾って完成！ 手作りとは思えない仕上がりでしょ？

scene3

パパッと作る

ある休日の昼下がり、
完全にオフモードの母に、娘から
突如いい渡された緊急ミッション。
「これから友達遊びに来るから」
お友達が来るまであと1時間。
買い物に行ってる余裕はない。
さあ、どうする！ 戸棚をのぞくと
フルーツの缶詰と市販のお菓子……。
このまま出してもいいけれど、
なんだかちょっと味気ないやんな。
こんなときこそタルトの出番。
パパっと手早く簡単に
娘たち大満足のおやつ作ったる！

キラキラ輝くオレンジがまぶしい

オレンジスライスタルト

オレンジスライスはランダムに
並べるだけでとってもかわいい
優秀なアイテム。ナパージュで
ツヤツヤにするのがポイントよ。
太陽みたいなオレンジ色と
さわやかな水色のお皿を合わせれば、
夏のビーチを思い出す。
皮のほろ苦い風味と甘酸っぱい果肉。
ほろ苦くって、甘酸っぱい……
この味は例えるならば
ひと夏の恋って感じかしら。

カットしてみると…

第3層

オレンジスライス缶詰

見た目もかわいいオレンジスライスの缶詰は、並べるだけでおしゃれになっちゃう優秀アイテム。

第2層

基本のアーモンドクリーム

やさしい甘さと香ばしい香りのアーモンドクリーム。

第1層

基本のタルト生地

直径18cmのブリキ型で作ったタルト生地。

Tart Recipe

材料

- 基本のタルト生地
- 基本のアーモンドクリーム
- オレンジスライス缶詰……適量
- ナパージュ……適量
- 粉砂糖……適量

作り方

Step 1 基本のタルト生地（P.20）をStep **C**のピケするところまで作ったら、冷凍庫でスタンバイ。

Step 2 基本のアーモンドクリーム（P.22）を作り、タルト生地に入れて表面をならす。

Step 3 アーモンドクリームの上にオレンジスライスを並べて、予熱した190℃のオーブンで40分焼く。ナパージュ（P.82）を塗ってフチに粉砂糖をふって完成。

いちご不在の季節にあらわる救世主
パイナップルタルト

実際に作ってみるまで
気付かんかった……。
パイナップルがこんなにかわいいなんて！
缶詰のスライスを並べただけの
お手軽レシピなのに、
ビジュアルもお味も満点よ。
スーパーからいちごが消えて
やるせない日々を送っていた季節に
なんてことないパイナップルの缶詰が
大活躍しそうな予感。
このタルトが森家でブームになる前に
缶詰買いだめしとかなあかん！

カットしてみると…

第3層

パイナップル缶詰

一口でお口の中は南国トロピカル。ほどよい酸味がアーモンドクリームと絡み合う。

第2層

基本のアーモンドクリーム

やさしい甘さと香ばしい香りのアーモンドクリーム。

第1層

基本のタルト生地

直径18cmのブリキ型で作ったタルト生地。

Tart Recipe

材料

- 基本のタルト生地
- 基本のアーモンドクリーム
- パイナップル缶詰……適量

作り方

Step 1
基本のタルト生地（P.20）をStep**C**のピケするところまで作ったら冷凍庫でスタンバイ。

Step 2
基本のアーモンドクリーム（P.22）を作り、タルト生地に入れて表面をならす。

Step 3
アーモンドクリームの上にパイナップルを等間隔に並べて、予熱した190℃のオーブンで40分焼いて完成。ナパージュはあえて塗らずにパイナップルの質感を生かして。

ジューシーな果肉がたまらない！

ピーチタルト

肉厚でジューシーな白桃と黄桃の缶詰を使ったピーチタルト。歯切れのいい果肉はカットせずに大胆に置いて焼き上げる！手抜きじゃないわよ！素材を生かす粋な計らい。もものの甘い香りと食感のとりこになること間違いなし。最後にミントを散らして飾り付け。初夏を思わせるさわやかなタルトとアイスティーでお茶会なんて素敵じゃない？

カットしてみると…

第3層

白桃・黄桃缶詰

肉厚ジューシーなももは、カットせずにそのまま入れる。大きな口でほお張って、香りと味を存分に味わうの。

第2層

基本のアーモンドクリーム

やさしい甘さと香ばしい香りのアーモンドクリーム。

第1層

基本のタルト生地

直径18cmのブリキ型で作ったタルト生地。

Tart Recipe

材料

- 基本のタルト生地
- 基本のアーモンドクリーム
- 白桃・黄桃缶詰……適量
- ミント……適量

作り方

Step 1　基本のタルト生地(P.20)をStep**C**のピケするところまで作ったら、冷凍庫でスタンバイ。

Step 2　基本のアーモンドクリーム(P.22)を作り、タルト生地に入れて表面をならす。

Step 3　アーモンドクリームの上にももを等間隔に並べて、予熱した190℃のオーブンで40分焼く。手で小さくちぎったミントを散らして完成。

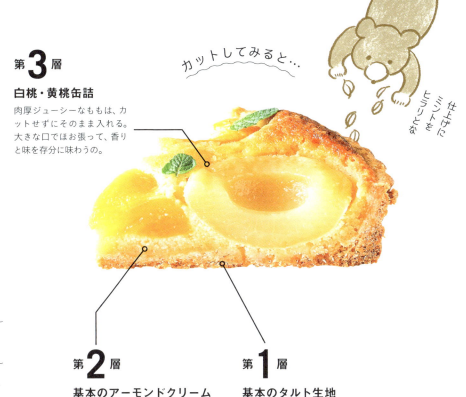

ザクザク食感がくせになる

クッキークリーム タルト

ココア入りのタルト生地に、
ココアを加えたアーモンドクリーム、
さらに、ココアクッキーをザクザク砕いて
クリームに混ぜて、トッピング。
生地からクリームまでココア尽くしで
海外のおやつみたいにヘビーな
感じだけど、甘すぎなくて
意外とあっさり。
ふわっと溶けるクリームと
クッキーの食感がアクセントになって
ぺろりと食べられちゃうのよ。

カットしてみると…

第3層

生クリーム＋ココアクッキー

市販のココアクッキーを砕いて生クリームに加えたクッキークリーム。クリームの周りにはさらにクッキーをのせて。

第2層

基本のアーモンドクリーム＋ココアパウダー

基本のアーモンドクリームにもココアパウダーを混ぜて、ココア尽くし。ちょっぴりビターな仕上がりに。

第1層

基本のタルト生地＋ココアパウダー

直径18cmのブリキ型で作ったココアパウダー入りのタルト生地。甘さ控えめでたっぷりクリームとナイスなバランス。

Tart Recipe

材料

- 基本のタルト生地
  ＊薄力粉100gのうち10gをココアに変更
- 基本のアーモンドクリーム
  ＊アーモンドプードルにココアを5g足す
- 生クリーム……100cc
- 市販のココアサンドクッキー……8枚
- ココアパウダー……適量

作り方

Step 1
Step**A**でココアパウダーを加えた基本のタルト生地(P.20)を、Step**C**のピケするところまで作ったら冷凍庫でスタンバイ。Step**C**でココアパウダーを加えた基本のアーモンドクリーム(P.22)を入れる。

Step 2
タルトを予熱した190℃のオーブンで35〜40分焼く。ボウルに生クリームを入れて、ツノが立つ手前まで泡立てる。ココアサンドクッキー3枚をビニール袋に入れて砕いたら、ボウルに加えてゴムベラでさっくりと混ぜる。

Step 3
タルトにクッキークリームをのせる。残りのクッキーを荒く砕き、クリームの周りに飾ったらクッキーの上にココアパウダーをふって完成。

パイ生地使わナイ！

ミルフィーユタルト

サクサク食感とクリームの
濃厚な味わいのコラボレーションは
まさに、ミルフィーユ！
パイ生地使ってないなんて
嘘みたいでしょ？
クラッカーの塩気もいい感じに
合わさって、やみつきになること
間違いなし！ いちごはあえての
ヘタ付きがかわいい。
これは、おもてなしタルトの
十八番になる予感……。

第3層

クラッカー＋いちご

市販のクラッカーを砕いてのせると、パリパリの食感がパイみたい。いちごはあえてヘタを残して半分にカット。

カットしてみると…

第2層

基本のカスタードクリーム＋生クリーム

基本のカスタードクリームと生クリームをたっぷりと。クラッカーの塩気とマッチしていい感じ。

第1層

基本のタルト生地

直径18cmのブリキ型で作ったタルト生地。

Tart Recipe

材料

- 基本のタルト生地
- 基本のカスタードクリーム
- 生クリーム……100cc
- グラニュー糖……8g
- クラッカー（市販）……1/2袋
- 粉砂糖……適量
- いちご……適量

作り方

Step 1 基本のタルト生地（P.20）を作り、予熱した190℃のオーブンで、生地のみ20〜25分焼く。

Step 2 基本のカスタードクリーム（P.24）を、ホイッパーでなめらかになるまで練り直す。別のボウルに生クリームとグラニュー糖を入れ、ツノが立つまで泡立てる。

Step 3 タルト生地にカスタードクリームを入れ、その上に生クリームをのせる。ビニール袋に入れて砕いたクラッカーをのせて粉砂糖をふったら、半分に切ったいちごを飾って完成。

しゅわしゅわ不思議食感

おいりソフトタルト

香川名物のおいりってご存知？
コロンとしたかわいい形と
パステルカラーが女子の心を
がっちり掴んで、大ブームなんだとか。
中でもソフトクリームにおいりを
トッピングしたスイーツが大人気。
これをタルトに使わない手はないでしょ！
お米でできたおいりには抹茶の
タルト生地がピッタリ。
そこにミルクソフト風味の生クリームを合わせて。
ああ……。自分で自分に「いいね！」したい。

カットしてみると…

第3層

**練乳生クリーム
+おいり**

練乳入りの生クリームはミルクソフトクリームのような味わいに。おいりのしゅわしゅわ食感が新感覚。

第2層

基本のアーモンドクリーム

やさしい甘さと香ばしい香りのアーモンドクリーム。

第1層

**基本のタルト生地
+抹茶**

直径14cmのブリキ型で抹茶を加えて作ったタルト生地。おいりのやさしい甘さと抹茶の苦みが合うのよ。

Tart Recipe

材料

- 基本のタルト生地
  ＊薄力粉100gのうち10gを抹茶に変更
- 基本のアーモンドクリーム
- 生クリーム……100cc
- 練乳……20g
- 抹茶パウダー……適量
- おいり……適量

作り方

Step 1
StepAで抹茶を加えた基本のタルト生地（P.20）を、StepCのピケするところまで作り、冷凍庫でスタンバイ。基本のアーモンドクリーム（P.22）をタルト生地の7分目まで入れて、予熱した190℃のオーブンで35〜40分焼く。

Step 2
ボウルに生クリームを入れ、練乳を加えてハンドミキサーでツノが立つまで泡立てる。丸い口金をつけた絞り袋に入れる。

Step 3
タルトの上に練乳生クリームをうずまき状に絞り、上から抹茶パウダーをふっておいりを飾ったら完成。

Column

余った素材もちゃっかりおいしく

生地＆クリーム活用術

半端に余った生地やアーモンドクリームも無駄にしナイ！
朝食やおやつでおいしく活用できるんやで！

アーモンドクリームはパンに塗って！

余ったアーモンドクリームは、食パンに塗ってトーストして、モーニングの定番「アーモンドトースト」に。香ばしくてコクのある関西の朝の味をお試しあれ！

生地は小さく焼いて
クッキーに!

余った生地は冷凍しておいてクッキーに。この生地は手で形成しやすいので、粘土遊び感覚でお子様と一緒に作るのもおすすめ! 焼き時間は180°Cに予熱したオーブンで10分が目安。

4 リーフクッキー
抹茶入りのタルト生地で葉の形を作り、つまようじで葉脈を描いたリーフクッキー。

3 レーズンサンド
基本のタルト生地で作ったクッキーに、チーズクリーム(P.42)とレーズンをはさむ。

2 コーヒービーンズクッキー
ココアパウダー入りのタルト生地で作ったコーヒービーンズクッキー。

1 ボタンクッキー
基本のタルト生地で小さい丸型を作り、つまようじで穴を空けたボタンクッキー。

scene4

お食事キッシュ

ひとり家で過ごす休日は、
いつもより遅く起きて
リビングでテレビをぼーっと眺める。
ふと時計を見るともうお昼すぎ。
こんなゆったりとした日のランチには
3ナイキッシュがちょうどいい。
鼻歌まじりに生地をこねて、
グラニュー糖は控えめでお塩と水をプラス。

型に敷き込んで具材を入れたら
あとはオーブンにおまかせ。
リビングのソファーに座って
しばし読書タイム。
いい香りがしてきた。
こんがり焼けたキッシュを取り出し
好きなサイズにカットして
本の続きを読みながら、いただきます。
あれ？ なんかすごく素敵な休日？
みんなでワイワイも楽しいけど
たまにはこんな時間も必要ね。
あとで今晩のデザートに
甘いタルトも焼こうかな。

ピリッとマスタードが
くせになる

ジャーマンポテトキッシュ

ひとりで軽く食べたいときも
みんなで楽しく食べたいときも
いろんなシーンにちょうどいいキッシュ。
中でもジャーマンポテトキッシュは
十八番のレシピ。パリッとジューシーな
ウインナーとホクホクのじゃがいもが
たっぷり入ってるから満足感も◎
粒マスタードを効かせるのが森家の
鉄則だけど、お子様向きには控えめに。
でもね、これだけは譲れない。
ウインナーは絶対あらびき！
皮なしとか赤いウインナーじゃあかんで！

カットしてみると…

第3層

粒マスタード
+パセリ

ピリッと効かせた粒マスタードがポイント。彩りでパセリを散らして。

ホクッとパリッと楽しい食感

第2層

アパレイユ+じゃがいも
+あらびきウインナー

ホクホクのじゃがいもが食べ応え満点。ウインナーは絶対あらびきで！

第1層

基本のタルト生地

直径16cm、高さ4cmの紙型で作った、水と塩を加えた基本のタルト生地。

Tart Recipe

材料

- 基本のタルト生地
  ＊グラニュー糖を10gに変更して
  塩ひとつまみと水小さじ1を加える
- じゃがいも……3個
- あらびきウインナー……6本

アパレイユ

卵……1個、生クリーム……80cc
塩……小さじ1/3
コショウ……少々

- サラダ油……小さじ1
- ニンニク……少々
- 粒マスタード……大さじ1
- マヨネーズ……大さじ2
- パセリ……適量

作り方

Step 1
グラニュー糖を減らして水と塩を加えた基本のタルト生地（P.20）を、直径16cmの紙型でStep**C**のピケするところまで作り、冷凍庫でスタンバイ。じゃがいもは皮をむいて一口大にカットし、ラップに包んで5分ほど600Wの電子レンジで加熱する。

Step 2
ウインナーは半分にカットする。アパレイユの材料はすべて混ぜ合わせる。フライパンに油とニンニクを入れて熱し、香りが出たらじゃがいもとウインナーを加えて軽く炒める。火を消して、マヨネーズと粒マスタードを絡める。

Step 3
生地に炒めた具材を入れたらそっとアパレイユを入れ、粒マスタード（分量外）を散らす。予熱した190℃のオーブンで40分ほどしっかりと焼き、仕上げにパセリを散らして完成。

お腹の中からあったまる〜

マカロニグラタンキッシュ

冬がくるとむしょうに
食べたくなるわよね。
アツアツのマカロニグラタン。
トロトロのホワイトソースと
プリプリ海老のコンビには
子どもから大人までめろめろよ。
オーブンから取り出して、
アツアツを召し上がれ！
でもね、このキッシュがえらいのは
冷やしてもおいしいところ。
猫舌さんにもやさしいの。

カットしてみると…

食べると
なんだか
ホッとする

第2層

海老マカロニグラタン

みんな大好き海老とマカロニがゴロゴロ入ったグラタン。アツアツはもちろん、しっかり冷やしてもおいしい。

第1層

基本のタルト生地

直径16cmの紙型で作った、塩と水を加えた基本のタルト生地。

Tart Recipe

材料

- 基本のタルト生地
  ＊グラニュー糖を10gに変更して塩ひとつまみと水小さじ1を加える
- 海老……12尾
- マカロニ（早茹でタイプ）……30g
- サラダ油……小さじ1
- 塩コショウ……少々

ホワイトソース

ホワイトソース缶……半缶
牛乳……100cc
コンソメ顆粒……小さじ1

- パセリ……適量

作り方

Step 1
グラニュー糖を減らして塩と水を加えた基本のタルト生地（P.20）を、直径16cmの紙型でStep**C**のピケするところまで作り、冷凍庫でスタンバイ。海老は殻をむき、背開きにして背ワタを取る。マカロニは茹でておく。

Step 2
フライパンにサラダ油を引いて熱し、海老を入れて塩コショウで炒める。海老の色が変わったら、ホワイトソースの材料すべてとマカロニを加えて混ぜ合わせ、煮立ったら火からおろす。

Step 3
生地にStep**2**を入れ、予熱した190℃のオーブンで40分ほど焼く。パセリを散らして完成。

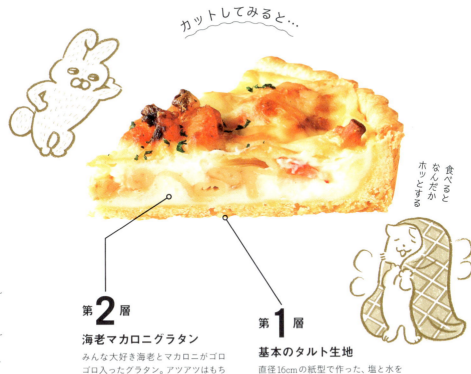

関西人やからこれだけはやらせて！

お好み焼きキッシュ

食卓に出した瞬間、娘がひとこと、「キッシュにする必要ある？」といい放った一品。普通のお好み焼きでいいんじゃないってみんな思うでしょ？

でもこれ実は、画期的な大発明。だって、お好み焼きがワンハンドで食べられんねんで！ 読書しながら、勉強しながら、スマホいじりながら、いつでもどこでも気軽に食べられる。これって関西人の夢じゃない？

カットしてみると…

粉モンどうし
相性悪い
わけがない！

第3層

ソース＋紅しょうが＋青のり＋鰹節

お好み焼きには欠かせないソースをたっぷり塗った上に、いつものトッピング。仕上げに青のりパラパラ。

第2層

TUNA
SABA

お好み焼き

キャベツ、豚こま肉、ちくわ入り。豚こま肉をツナ缶やサバ缶に替えて作るとさらにお手軽。

第1層

基本のタルト生地

直径18cmのブリキ型で作った、塩と水を加えた基本のタルト生地。

Tart Recipe

材料

- 基本のタルト生地
  ＊グラニュー糖を10gに変更して塩ひとつまみと水小さじ1を加える
- キャベツ……3～4枚
- 豚こま肉……100g
- 塩コショウ……少々
- ちくわ……2本
- 紅しょうが……適量
- ソース、青のり、鰹節……適量

アパレイユ

卵……2個
生クリーム……50g
鰹粉……小さじ1/2

作り方

Step 1
グラニュー糖を減らして塩と水を加えた基本のタルト生地（P.20）を、Step**C**のピケするところまで作り、冷凍庫でスタンバイ。キャベツは粗めのみじん切りにする。

Step 2
フライパンにサラダ油を引き、豚こま肉を入れて塩コショウで炒める。ちくわは5mmの幅に切る。アパレイユの材料はすべて混ぜ合わせる。

Step 3
生地にキャベツ、豚こま肉、ちくわを入れて、アパレイユを入れる。紅しょうがを散らして、予熱した190℃のオーブンで40分ほど焼く。ソース、鰹節、青のりをトッピングして完成。

どどっとチーズが溢れ出す！

チーズフォンデュキッシュ

アツアツ
とろとろで
召し上がれ！

どうして人はこんなにも
とろとろのチーズに心惹かれるのでしょうか。
食卓に出せば、老若男女が歓声を上げる、
すべり知らずのこのキッシュ。
食べる直前にチーズソースを流し込んで
ナイフを入れるとドバーッと溢れ出す。
流れたチーズを生地にのせつつ食べてみて。
ただし、写真撮影はお早めに。
切り分けたあとのビジュアルについてはノーコメントで。

Tart Recipe

材料

- 基本のタルト生地
  ＊グラニュー糖を10gに変更して塩ひとつまみと水小さじ1を加える
- 合い挽き肉……100g

調味料

砂糖、酒、醤油　各大さじ1
カレーパウダー……小さじ1/2

チーズソース

ピザ用チーズ……150g
薄力粉……大さじ1・1/2
牛乳……150cc

- パセリ……適量

作り方

Step 1
グラニュー糖を減らして塩と水を加えた基本のタルト生地（P.20）を直径16cmの紙型に敷き込み、生地のみ予熱した190℃のオーブンで20〜25分焼く。フライパンにサラダ油を引き、合い挽き肉を入れて色が変わるまで炒める。余分な脂をキッチンペーパーで取り、調味料を入れて絡める。

Step 2
生地に炒めた挽き肉を入れる。鍋かフライパンにピザ用チーズを入れ、薄力粉を絡める。牛乳を加えて中火で熱して混ぜながら、なめらかになるまで溶かす。

Step 3
挽き肉を入れた生地の上に溶かしたチーズソースを流し入れ、仕上げにパセリを散らして完成。

第1層
基本のタルト生地
直径16cmの紙型で作った、塩と水を加えた基本のタルト生地。
第3層
チーズソース
食べる直前に流し入れたチーズソース。ナイフを入れるとトロリと溢れ出す様子に歓声が上がる！
第2層
合い挽き肉
甘辛い味付けで炒めた、食べ応えのある合い挽き肉。カレー風味で大人から子どもまで好きな味。

3種のトマトでおしゃれに！

カラフルプチトマトキッシュ

カラフルなプチトマトがおしゃれなこのキッシュ。中に仕込んだクリームチーズのまろやかな酸味と、ベーコンのうまみがいい仕事するのよ。温めて朝ごはんやランチにするのはもちろん、冷やしたらワインともよく合うの。家事がいち段落した金曜日の夜、映画でも見ながらキッシュとワインでカンパイなんていかが？

カットしてみると…

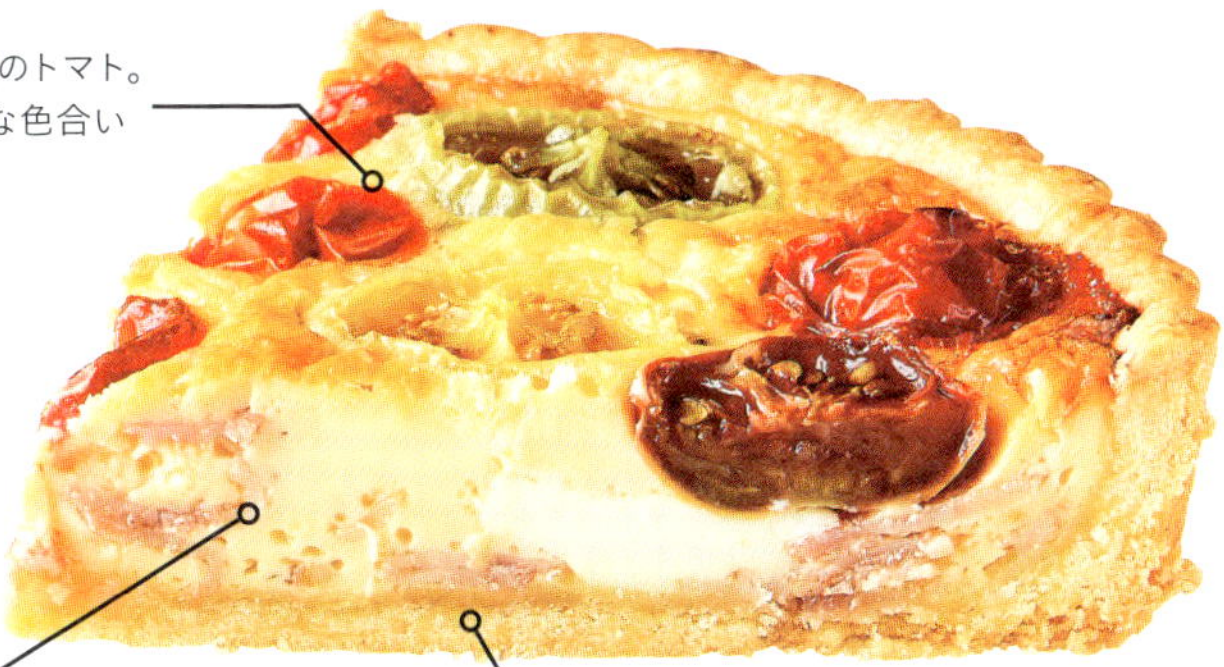

第3層

プチトマト

緑、黄色、赤の3種類のトマト。水玉模様とカラフルな色合いがかわいいでしょ？

第2層

アパレイユ＋ベーコン＋クリームチーズ

まろやかなクリームチーズとベーコンの味わいがトマトの酸味とマッチ！

第1層

基本のタルト生地

直径18cmのブリキ型で作った、塩と水を加えた基本のタルト生地。

Tart Recipe

材料

- 基本のタルト生地
  ＊グラニュー糖を10gに変更して塩ひとつまみと水小さじ1を加える
- ベーコン……80g
- プチトマト……適量
- クリームチーズ……30g

アパレイユ

- 卵……1個
- 生クリーム……80cc
- 塩……小さじ1／3
- コショウ……少々

作り方

Step 1　グラニュー糖を減らして塩と水を加えた基本のタルト生地（P.20）を、Step**C**のピケするところまで作り、冷凍庫でスタンバイ。

Step 2　ベーコンは幅2cmの短冊切りにしてフライパンで炒める。プチトマトは半分に切る。アパレイユの材料はすべて混ぜ合わせる。

Step 3　生地の底に炒めたベーコンを敷き、クリームチーズをちぎりながら等間隔に置く。アパレイユをそっと入れてプチトマトを飾り、予熱した190℃のオーブンで40分ほどしっかりと焼いて完成。

コリアンブームも見逃さない！

チーズタッカルビキッシュ

タピオカにインスタ映えスイーツ、
さまざまなブームに飛びつくタイプの
私がコリアンブームを
見逃すわけもなく。
チーズフォンデュキッシュを応用して
作っちゃいました、チーズタッカルビキッシュ。
コチュジャンで味付けした
ピリ辛タッカルビとまろやかな
チーズソースが相性抜群。こりゃ流行るわ。
大人は冷えたビールと一緒にどうぞ。
一口食べてグビッと飲んで、くーうまい！

カットしてみると…

あまり辛くないから子どももOK!

第3層

チーズソース

食べる直前にどどっと流し込んで! ピリ辛のタッカルビがとろとろチーズでまろやかに。

第2層

アパレイユ+タッカルビ

韓国料理のタッカルビ。鶏肉に野菜と具だくさんだから食べ応え抜群! もちろんビールにも合うんよ〜。

第1層

基本のタルト生地

直径18cmのブリキ型で作った、塩と水を加えた基本のタルト生地。

Tart Recipe

材料

- 基本のタルト生地
  ＊グラニュー糖を10gに変更して塩ひとつまみと水小さじ1を加える
- キャベツ……4枚ほど
- 鶏モモ肉……1枚
- にんじん……1/2個
- たまねぎ……1/4個
- しめじ……1/2株

調味料

- コチュジャン……小さじ2
- 砂糖、みりん、醤油……各小さじ1

アパレイユ

- 卵……1個
- 生クリーム……30cc
- 塩コショウ……少々

チーズソース

- ピザ用チーズ……30g
- 薄力粉……小さじ1/2
- 牛乳……30g

作り方

Step 1
グラニュー糖を減らして塩と水を加えた基本のタルト生地(P.20)を、Step**C**のピケするところまで作り、冷凍庫でスタンバイ。一口大に切った鶏肉と野菜を炒め、調味料を絡める。

Step 2
アパレイユの材料はすべて混ぜ合わせる。生地に炒めた鶏肉と野菜を真ん中を空けるように入れる。そっとアパレイユを入れ、予熱した190℃のオーブンで40分ほど焼く。

Step 3
小鍋にピザ用チーズを入れ、薄力粉を絡める。牛乳も加えて加熱しながら混ぜて、なめらかになるまで溶かす。焼けた生地の真ん中にチーズソースを流し入れて完成。

Column

作りおきおかずをプラスして

キッシュ定食

1ピース余ったキッシュは、作りおきおかずと組み合わせて
キッシュ定食にして食べるのがおすすめ。見た目もおしゃれで満足感アップ。

給食風キッシュ定食

彩りが鮮やかな紫キャベツとにんじんのラペと、かぼちゃサラダをつけ合わせにしたキッシュ定食。レトロなアルミ製のお皿に盛りつけて瓶の牛乳を添えれば、見た目も楽しい給食風のランチに。

らくらくワンプレートにも

ワンプレートにすれば、おしゃれなうえに、後片付けもラクチン。おかずやキッシュを引き立てる、シンプルなデザインのお皿を選んで!

また別の日の昼下がり
まったり…
おかあさあん!!
びくっっ
も～
なんなん？
みてみて！
どーん
クマ
かまくら
タルト!!
……
これはちょっと
微妙ちゃう？
なんか
ちょっと
ブキミ
うそぉ～
かわいいやん！
これでええの！
あんたが
ええなら
ええねんけど
てか

いくらなんでも作りすぎちゃう？
ええのええの
ふふーん♪
そろそろやな
そろそろってなにが？
ピンポーン
きたきた
え!?
ええ〜
おじゃましま〜す!!
ドドドドドドド
あまりにも簡単でおいしいからみんなに食べてもらおうと思って
ポカーン
テヘペロ☆
ほら お母さんもぼーっとしてないで一緒に食べよ！
じゃあお言葉に甘えて
いただきま〜す!!
3ナイタルト

ありがとうの気持ちを込めて

バラの花束クリームタルト

家族が寝静まった深夜。
キッチンから響くハンドミキサーの音。
子育てで余裕のなかった私が、
唯一リラックスできたのが
お菓子を作ってる時間でした。

お菓子の本を見ながら、夜な夜な
作り続けるうちに行き着いた結論、それは
「はしょったレシピでもでき上がりに大差ない！」
そこから科学的根拠とかセオリーとか
そんなの気にせず、自分の舌を頼りに
ひたすら作って作って生まれたのが「3ナイタルト」。

ストレス発散のためだったお菓子作りは、
いつしか食べた人の喜ぶ顔を見るためになり、
レシピを教えた人たちからの「ありがとう」が
私を笑顔にしてくれました。

あなたも自分のために、誰かのために、
「3ナイタルト」を作ってみて！
お好きにアレンジして、おいしくできたら
そのレシピこっそり私に教えてね。

最後に、感謝の気持ちを込めた
バラの花束のクリームタルトを
ここまで読んでくれたみなさんと、
いつも応援してくれている母に捧げます。

これも作るのめっちゃ簡単なんやけどね！

Tart Recipe

材料

- 基本のタルト生地
  ＊薄力粉100gのうち10gをココアに変更
- 基本のアーモンドクリーム
- 生クリーム……100cc
- グラニュー糖……8g
- 食紅……適量
- 基本のカスタードクリーム
- ラズベリーフレーク……適量

作り方

Step 1
Step**A**でココアパウダーを加えた基本のタルト生地(P.20)を、Step**C**のピケするところまで作ったら、冷凍庫でスタンバイ。基本のアーモンドクリーム(P.22)を7分目まで入れ、予熱した190℃のオーブンで35〜40分焼く。

Step 2
ボウルに生クリームを入れてグラニュー糖、食紅を加え、ツノが立つ手前まで泡立てる。別のボウルに基本のカスタードクリーム(P.24)を入れ、柔らかくなるまで練り直す。

Step 3
タルト生地の上にカスタードクリームをドーム型になるようにのせる。Step**2**の生クリームを星型の口金をつけた絞り袋に入れ、ドーム状に盛ったカスタードの下部から円を描くように絞り、ラズベリーフレークを散らして完成。

omake

タルトを作った
そのあとに

3ナイタルトは、簡単に作れて
おいしいのはもちろんのこと、
お菓子作り初心者に見えない
仕上がりもイチオシポイントやねん。
せっかくかわいく作れたら、
みんなに見てもらって、たくさん
「いいね！」もらいたいやん？
ここでは、タルトのポテンシャルを

ぐいぐい引き出すスタイリングと
写真の撮り方のコツを紹介！
楽しく作って、かわいく撮って
どんどんＳＮＳにアップしてな！
そのときは「＃３ナイタルト」を
お忘れなく。
＃あわよくば
＃流行らそうとする
＃ずうずうしいな

Photo by Eiko Mori

「いいね!」がもらえる

スタイリングのコツ

スタイリングは、いくつかコツを覚えるだけでいい感じになるねん!
持ってると役立つグッズとセンスよく見える組み合わせを紹介。

Photo by Eiko Mori

Theme

さわやか

ホワイトタルトやミックス生フルーツタルトにぴったり。さわやかな味をイメージして小物の色はブルー系で統一。

さっぱりした味のタルトと相性バッチリ!

Item

ジャンク加工の板 (ホワイト)

ホームセンターでカットして塗装した木材。ジャンク加工が、こなれ感を演出。

おしゃれなガラス瓶

カトラリーを入れるもよし、グリーンをあしらうもよしの万能グッズ。ジャムの空き瓶でも可。

カラフルお皿セット

お皿の色をそろえるとスタイリングがまとまりやすい。重ねて置いておくだけでも絵になる。

Photo by Eiko Mori

Theme

ほっこり

焼き込み系のタルトやキッシュに合うスタイリング。色は暖色系で合わせて、マットな質感の小物をチョイス！

焼き込み系のタルトに
映えるスタイリング！

Item

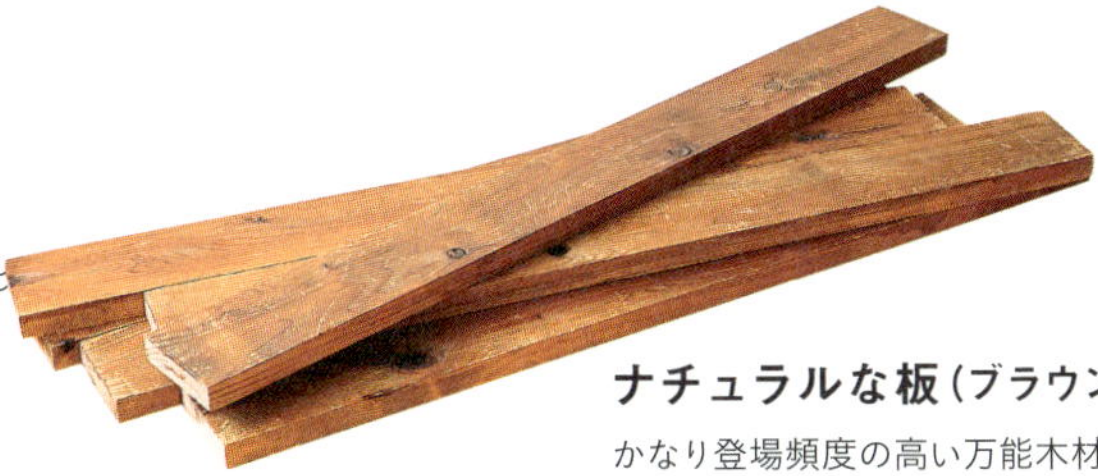

ナチュラルな板（ブラウン）

かなり登場頻度の高い万能木材。温かみのあるブラウンで、木目がいい味出してくれる。

色違いペアカップ

カップも季節感を出す大切な要素。マグカップなら冬の印象に。色違いのペアカップがかわいい。

シンプルカトラリー

カトラリーは木を使ったシンプルなデザインを選んで。下に敷く木材と色味の違うものを選ぶと◎

ミニカフェ看板

100円ショップで購入。背景に写すだけで、カフェの雰囲気が出せるお気に入りのアイテム。

チラ見せグリーン

小さい観葉植物は優秀アイテム。ちらりと緑が入るだけで色どりがプラスされていい感じに。

どうやったらおいしそうに撮れるの？

写真の撮り方Q&A

きれいにスタイリングしたらいよいよ撮影。写真は初心者の私やけど
分からんなりに編み出した、うまく見える撮り方を教えちゃう！

Question 1

写真は何で撮ってるの？

森さんのインスタグラムを見ていると、写真がとってもきれいだなと思うんだなぁ。何で撮影しているか教えてほしいなぁ。

Answer

ミラーレス一眼で撮影しています！

柄トースト以外の写真はミラーレス一眼です！ スマートフォンでも十分きれいやけど、やっぱりカメラは素晴らしい。背面のモニターで写りを確認しながら撮影できるところが気に入っています。

Question 2

カメラの設定はどうしたらいいの？

カメラを持っているんだが、設定がチンプンカンプンで思うように撮れないんだ。森さんはどんな設定で撮ってるの？

Answer

オートモードでシャッターを切るだけ！

いかんせん私も初心者なもので……。正直にいうと、オートモードで細かい設定はカメラにお任せです。撮ったあとにインスタグラムの機能で明るさや色味を自分の好みに調整して投稿しています。

Question 3

SNS映えする撮り方のコツは？

スタイリングのコツは分かったけど、撮影するときにもSNS用の工夫してるんじゃない？ もったいぶらないで教えてよ。

Answer

画面の比率を1:1に設定しています！

カメラの設定で「アスペクト比」を「1:1」にして、正方形で撮っています！ 正方形の写真はかわいらしい印象に見えるのと、要素をギュッとまとめやすいから、印象の強い写真になるような気がする。

センスよく見える！

構図の秘密

タルトや小物の写し方＝「構図」も写真を撮るときに重要なポイント。
角度や写す範囲を変えるだけでも全然印象が違うのよ。

Point

目線は食べる人

真上から写したり、グッと寄ったり、いろんな撮り方があるけど、今回は食べる人の目線で臨場感を意識して撮影。

Point

「三角形」に配置

一番メインのカットしたタルトを手前に置いて「三角形」になるようにそのほかを配置。写真に奥行きが出る。

Point

あえて全部写さない

大事なタルトは全部写して、本やカトラリーはあえて見切れさせる。すると、状況を伝えつつ広がりのある写真に。

ワンランクアップ！　撮影テクニック

スマホでも十分きれいに撮れるわ

ミニレフ版がいい仕事する！

撮影するときは自然光で撮るのがおすすめ。白い厚紙を折って作ったミニレフ版で光を反射させると、全体的に明るく写せる！

Index

SALT

森 映子　もりえいこ

神戸市在住。フードコーディネーター、料理家。インスタグラムのフォロワーは2.8万人を超える。趣味だったお菓子作りを独学で学び、2009年春より自宅でお菓子教室「e・style」を始める。現在は、フードスタイリング、カフェや企業へのスイーツメニューの開発・提供、ウェブサイトでのコラム執筆、インスタグラマーなど、多岐にわたって活動中。

粉ふるわナイ！ 生地寝かさナイ！ 麺棒使わナイ！

3ナイタルト

2019年9月30日　初版第1刷発行

発行者　滝口直樹

発行所　株式会社マイナビ出版

〒101-0003
東京都千代田区一ツ橋
2-6-3 一ツ橋ビル2F

TEL 0480-38-6872（注文専用ダイヤル）

TEL 03-3556-2731（販売）

TEL 03-3556-2735（編集）

E-MAIL pc-books@mynavi.jp

URL http://book.mynavi.jp

印刷・製本　株式会社大丸グラフィックス

Staff

著者・スタイリング　森 映子

デザイン　中村 妙（文京図案室）

イラスト　曽根 愛

撮影　岡森大輔

校正　西進社

編集　伊澤美花（MOSH books）
伊藤彩野（MOSH books）
畑 乃里繁（マイナビ出版）

調理アシスタント　藤田淑美
轟 直美

撮影協力　hoccorito 501
兵庫県加古郡播磨町
北本荘1-13-36

ISBN978-4-8399-6870-0 C5077